男星人 女星人 的 沟通术

[日] 五百田达成 著
佟凡 译

华龄出版社
HUALING PRESS

图书在版编目（CIP）数据

男星人、女星人的沟通术 /（日）五百田达成著；佟凡译. -- 北京：华龄出版社，2023.8
ISBN 978-7-5169-2577-5

Ⅰ.①男… Ⅱ.①五… ②佟… Ⅲ.①心理交往－通俗读物 Ⅳ.①C912.11-49

中国国家版本馆 CIP 数据核字（2023）第124434号

図解　察しない男、説明しない女　五百田達成
ZUKAI SASSHI NAI OTOKO SETSUMEI SHI NAI ONNA
Copyright © 2016 by Tatsunari Iota
Illustrations © by Masao Takahata
Original Japanese edition published by Discover 21, Inc., Tokyo, Japan
Simplified Chinese edition published by arrangement with Discover 21, Inc.
through Chengdu Teenyo Culture Communication Co., Ltd.

选题策划	墨染九州	责任印制	李未圻
责任编辑	郑雍	装帧设计	胡椒书衣

书　名	男星人、女星人的沟通术	作　者	（日）五百田达成
出　版	华龄出版社 HUALING PRESS	译　者	佟　凡
发　行			
社　址	北京市东城区安定门外大街甲57号	邮　编	100011
发　行	（010）58122255	传　真	（010）84049572
承　印	天津睿和印艺科技有限公司		
版　次	2023年10月第1版	印　次	2023年10月第1次印刷
规　格	880mm×1230mm	开　本	1/32
印　张	5.75	字　数	106千字
书　号	ISBN 978-7-5169-2577-5		
定　价	49.80元		

版权所有　侵权必究

本书如有破损、缺页、装订错误，请与本社联系调换

序言

男女来自不同星球

大家好,我是五百田达成。

我曾在出版社和广告公司工作,根据这段经历,以及实践中累积的咨询技巧,为大家提供一些在职场和个人生活中能够更加圆滑地与人交流的建议。

这样解释实在太死板,换句话说:我就是人与人之间的"翻译"。"他为什么不明白我的意思?""为什么和那个人说话会冷场?""为什么总有合不来的人"……我会帮助大家解决类似的烦恼,让人际关系变得"圆滑"。

或许有人会觉得不可思议，为什么语言相通的人还需要翻译？那是因为，我们内心的"情绪"很难用"语言"或"态度"传达给对方，容易被误解。这真是令人困扰。

比如男性上司给女性下属安排工作时说："这事很简单，你来做吧。"女性下属听了会怎么想呢？

就算男性上司的言下之意是"这份工作'对你来说'很简单，应该很快就能做好，拜托你了"，可是依然会有女性认为对方的意思是"你就适合做这种简单的工作"。

下面我为大家介绍一个稍微复杂一些的情境。在男女朋友间，男性问女性："你前男友是个什么样的人？"因为女性已经忘记了前男友的事，所以直白地回答："我记不清了。"男性明明是将自己纠结很久的问题下定决心才提出，结果却没能得到明确的答案，心里只会更加不安。或许会在后面的交往中一次又一次地询问同样的问题。

人与人之间常常会出现各种误解，特别是男女之间。女性不知道男朋友、丈夫或者上司为什么说出那样的话，男性不知道女朋友、妻子、后辈为什么会做出那种令人生气的事情。应该也有人遇到过莫名其妙的人和事，而自己却束手无策的情况。大家都有过类似的经历吧。

不过没关系。有类似烦恼的人不止你一个。男女之间的交流比不同国籍的人之间的交流更加困难，也可以这样说：男女来自不同的星球。

有句话说得好:"距离越近的国家关系越差",因为文化相近,才会在意细微的不同,会因此心生焦躁。男女之间的关系与此相似,二者之间原本有着复杂的差异,却都认为:双方同为人类,同为日本人,本就应该相互理解,结果却产生了冲突。

需要说明的是,本书中提到的"男""女"并非纯粹的性别,而是在沟通交流时呈现的"方式"。极端地说,就像政治领域的右翼和左翼。感觉和说话方式有男人味的人是"男",有女人味的人是"女"。

有的人性别是女性,思维方式非常"有女人味";也有的人尽管性别是女性,思维方式却非常"有男人味"。还有的人性别是女性,在工作上会采用"有男人味"的思维方式,在恋爱中却会"像女人一样"思考。当然,男性同样如此。

首先,让我们了解自己的交流方式是男还是女吧。了解了自己后,接下来就可以学习"异性(与自己类型相反的人)"的思维方式和行为模式,使用"对方能够理解的话语"和他们交流了。在所有项目中,我都会介绍"男性对女性(女性对男性)应该这样说话"的方式,会介绍"NG(不要这样说),OK(可以这样说)的短语"。因为这些短语都能立刻应用,所以请大家像学习外语一样背诵下来,在日常生活中使用吧。

顺带提一下,交流时,我们不需要100%接受"异性"的思维方式。就算心怀不满,觉得"对方为什么不理解我""明明只要这样说就好了啊",也请大家先改变自己的说法。学习一门新语言时,这是最快速简便的方法。

我衷心希望,这本书能让大家理解男女之间沟通方式的差异,"圆满"解决大家在人际关系中的烦恼。

沟通型检查表

哪个选项更适合你？

统计方法 在下表中选择A、B选项中的一项，记住选A的数量。对照第8，第9页，确定你的类型。

① 被人夸奖时
A：希望对方夸我"你好厉害！"
B：希望对方夸我"不愧是你！"

② 你属于
A：沉默寡言的人
B：口若悬河的人

③ 你想看
A：美国票房第一的电影
B：在欧洲评价较高的电影

④ 异性的哪种接近方式会让你心动
A：用态度暗示
B：直接表白

⑤ 对工作的需求
A：能出人头地、取得实际成绩的工作
B：只要自己能做的工作

⑥ 喜欢的说法
A：水滴石穿
B：事情不如想象中难

⑦ 接到客户投诉， A：不想被别人安慰
你的第一反应是 B：不想被别人训斥

⑧ 心中隐隐觉得 A："我才不想长大"
B："想成为合格的大人"

⑨ 不擅长哪一项 A：头脑风暴（自由提出想法）
B：提案发表（做好总结后发表）

⑩ 偶尔休假，你想去 A：熟悉常去的店
B：一直想去的新店

⑪ 工作上遇到麻烦， A：向上司汇报
你首先 B：找关系好的同事商量

⑫ 如果要去买鞋 A：事先做好准备，细心地在鞋店寻找目标
B：到处闲逛，有时最后却买了包

⑬ 你对占卜的态度 A：讨厌
B：喜欢

⑭ 如果你有充足的时 A：能学到知识的商务书籍
间读书，你会选择 B：描写人性细腻之处的小说

诊断结果

这不是生物学上的男女诊断,也不是性格诊断,只是交流类型的测试而已。你的思维方式和说话方式更靠近男性,还是更靠近女性?掌握了这一点之后,让我们赶快来看看实际情境吧。

有 11~14 个 A

大男人
交流类型

非常"有男人味"的交流类型。如果你是女性,恐怕会为自己与其他女性的人际关系而苦恼吧?

有 7~10 个 A

男
交流类型

稍微倾向于"男性"的交流类型。如果你是女性,应该是性格爽朗,有很多男性朋友的类型吧。

有 4~6个 A

女
交流类型

稍微倾向于"女性"的交流类型。如果你是男性,应该会被女性当成"容易交流的人"。

有 0~3个 A

小女人
交流类型

非常"有女人味"的交流类型。如果你是男性,或许与女性交流比与男性交流更轻松。

第 1 章　基础篇
男女大不同！

01 男性 不体察
女性 不解释 004

02 男性 讲逻辑
女性 重感觉 007

03 男性 生活在纵向社会中
女性 生活在横向社会中 010

04 男性 从小打棒球
女性 从小过家家 013

05 男性 喜欢不良少年
女性 喜欢可爱的装饰 016

用图片了解！男女差异　大脑结构 019

第 2 章 恋爱/性爱篇
正因为无法相互理解才能相互吸引

06
- 男性 想成为"第一个男人"
- 女性 想成为"最后的女人" ········· 024

07
- 男性 喜欢"大家都喜欢的女人"
- 女性 喜欢"自己喜欢的男人" ········· 027

08
- 男性 想成为第一
- 女性 想成为唯一 ········· 030

09
- 男性 恋爱是游戏
- 女性 恋爱是结婚 ········· 033

10
- 男性 在风头正劲时想要女性的爱情
- 女性 在陷入低谷时需要男性的依靠 ········· 036

11
- 男性 会对符号产生欲望
- 女性 会对信号产生欲望 ········· 039

12
- 男性 喜欢浪漫
- 女性 喜欢浪漫的情境 ········· 042

13
- 男性 喜欢日常生活
- 女性 喜欢纪念日 ········· 045

14
- 男性 喜欢去"常去的店"
- 女性 喜欢去"新店" ········· 048

15	男性	沉默	
	女性	哭泣	051

16	男性	会指责出轨的女性	
	女性	会指责男性的出轨对象	054

17	男性	会分别保存	
	女性	会覆盖保存	057

18	男性	看不出区别	
	女性	不在乎区别	060

19	男性	不想被分析	
	女性	希望被猜中	063

用图片了解！男女差异　"人气"与"缘分" 066

第3章　婚姻/家庭篇
在家里，女性是总经理，男性是下属

20	男性	以自尊为生	
	女性	以面包为生	070

21	男性	收集没用的东西	
	女性	无法扔掉能用的东西	073

22	男性	想做孩子	
	女性	想做女人	076

23	男性	单一任务化	
	女性	多任务并行	079
24	男性	放空	
	女性	焦躁	082
25	男性	在人前啰唆	
	女性	在关系亲密的人面前啰唆	085
26	男性	不想改变	
	女性	渴望改变	088
27	男性	不道歉	
	女性	不忘记	091

用图片了解！男女差异 "任务管理" ············ 094

第4章 工作/职场篇
工作的规则由男性制定

28	男性	想出人头地	
	女性	想绽放光彩	098
29	男性	因为权力而高兴	
	女性	因为稳定而高兴	101
30	男性	重视结果	
	女性	重视过程	104

31	男性	渴望表扬	
	女性	渴望理解	107
32	男性	希望得到全世界的认可	
	女性	希望得到身边人的认可	110
33	男性	喜欢开会	
	女性	喜欢闲谈	113
34	男性	看资历	
	女性	看氛围	116
35	男性	勇往直前	
	女性	随机应变	119
36	男性	喜欢将事情普遍化	
	女性	喜欢将事情具体化	122
37	男性	不擅长应付同龄男性	
	女性	不擅长应付比自己年轻的女性	125

用图片了解！男女差异 "职业规划方式" 128

附　录　用一句话让交流更加顺畅！
实用简单短语

自我介绍 130
随声附和 132

重启话题的方法 134

不会遭人嫌的回答 136

面对失落的人 138

指出错误 140

被问到"喜欢的类型"该怎么回答 142

传递爱意 144

做决定 146

约会结束 148

和平分手 150

主持会议 152

任命领导 154

委婉拒绝 156

结语 如何跟与自己不同的人相处? 158

第 1 章

基 础 篇

男女大不同!

男性与女性的交流方式完全不同。

二者没有好坏之分，只是因为大脑结构和社会习惯不同，所以才会有"男性交流方式"与"女性交流方式"。

因为二者的交流方式差别太大，所以直截了当地说，二者是无法相互理解的。如果试图囫囵吞枣、以偏概全地理解或者矫正对方，就会积攒不必要的压力。

基础篇分为会话、品位、人际关系、价值观等等，将通过男女差异中的代表性事例，为大家介绍"交流的基本形态"。

首先学习基础篇，然后进一步了解恋爱、家庭、工作和兴趣等不同方面，就能更容易理解异性，从心里发出"嗯嗯，原来如此"的感叹。

那么，再次欢迎大家踏入男女虽近却远的交流世界！

让我们找到话语背后的真心，学会交流的方法吧。

男生崇拜不良少年，女生喜欢可爱的装饰。（参考第 16 页）

第 1 章 基础篇

第 2 章 恋爱／性爱篇

第 3 章 婚姻／家庭篇

第 4 章 工作／职场篇

场景 01　交流

| 男性 | 不体察 |
| 女性 | 不解释 |

男性　擅长商务方面的说明，却感觉迟钝

男性不擅长体察对方的感情和想法，简单来说就是迟钝。他们缺乏注意力和观察力，而且格外缺乏体察他人的习惯和意识。

他们从小接受的教育是"要有男人味"，或许这也是他们注意不到细节的原因之一。

在不擅长体察的另一方面，他们却擅长逻辑性的说明。他们不能"享受聊天的乐趣"，一旦开始聊天，就会一口气冲向终点。在商业领域中，比起感觉和直觉，人们更重视逻辑和数字，因此比起女性的"直觉"，男性的说明能力更容易得到好评。

因此女性在对男性说话时，可以尽可能用语言表达出自己的想法和心情。

女性 有"超能力",不会一一解释

女性擅长体察对方的情感和想法。从卑弥呼开始,自古以来的灵媒师和巫女等都由女性担任。

女性原本就负责经营家庭,因此对人的行为举止很敏感。特别是在家人和孩子的健康状况方面,她们总会自然而然地做到仔细观察,并且放在心上。"女人的直觉"之所以总能让其发现丈夫出轨,正是因为她们会关注丈夫的各个方面,能从中觉察到细微的变化。

另外,**女性交流的特征是"不解释"**,因为她们自己善于体察他人,便总会觉得"就算不说对方也会明白"。

比如在约会中,经常会出现这样的情况。女朋友突然情绪低落。可当男朋友问她"你生气了?""为什么?"时,她却只是回答"没事",但会表现得越来越焦躁。最后男朋友也会生气,抱怨"你不告诉我,我怎么能知道",结果爆发争吵……

所以,男性要努力体察女性的情绪。就算猜错了,也能够成为交流的契机。

要这样对男性说话！

总之，要用语言表达出自己的心情

OK　我现在因为××，所以心情××。

NG　没事……（就算我不说，你也要明白啊！）

要这样对女性说话！

就算会猜错，也要表现出努力体察对方的一面

OK　你今天和平时不太一样啊！

NG　嗯？你剪头发了？（完全没发现……）

场景 02　大脑结构

男性　讲逻辑

女性　重感觉

男性　胼胝体细，容易集中精力

　　胼胝体是连接左右脑的电缆，与女性相比，男性的"胼胝体"更细，控制感觉的"右脑"和控制语言的"左脑"之间连接较弱。男性能同时处理的信息较少，用电路比喻的话，就是模拟电路。虽然容易集中精力，一味向着终点前进，但反过来也可以说是"一次只能处理一件事情"。

　　然而还有一种说法认为男性的右脑比女性更加发达，能够发挥优秀的"空间认知能力"。比如男性只需要看一眼地图，就能掌握位置关系，能够迅速掌握情况。

　　另外，男性无法接受不合逻辑的事情。他们不像女性那样相信自己的"感觉"，会情不自禁地从逻辑出发思考问题。就连吃午饭时，他们也会理一遍几天来的菜单，想着"昨天吃了三明治，前天吃了猪排饭……"，最后得出结论："那就去吃好久没吃的荞麦面吧!"

所以要想让男性认真听你说话,一开始就要提出交流的目标。就算只是告诉他话题有几个要点,也会大幅改变他对你的印象。

女性　胼胝体粗,情感和语言的连接更充分

女性的胼胝体较粗,左右脑的连接更充分。**正因为"情感"和"语言"的交织令人眼花缭乱,所以会不断说出自己想到的事情,话题天马行空。**

因为电缆更粗,所以女性的大脑就像宽带一样,能同时处理多项信息,可以说:作为机器,女性的大脑比男性更加优秀。因为女性在处理大量信息的同时,还拥有高敏感度的"传感器",所以总是能注意到事物的细节和周围人的情感。

可是反过来也可以说,女性总是处于"精神不集中"的状态。缺点在于信息量过大,下决定时会变慢。

女性拥有优秀的"直觉",跟她们交流时要避免讲述冗长的道理。就算使用"总觉得……"这种含糊的表达,对方也能准确理解。

要这样对男性说话！

一开始展示要点的数量，让对方看到交流的目标

变成××，××，啊，××……

有三个要点……

要这样对女性说话！

不要讲道理，要讲感觉

因为××是××，所以绝对是××！

虽然只是我的感觉，不过我觉得是××。

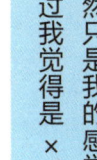

第 1 章 基础篇

第 2 章 恋爱／性爱篇

第 3 章 婚姻／家庭篇

第 4 章 工作／职场篇

场景 03　与同性之间的关系

男性　生活在纵向社会中

女性　生活在横向社会中

男性　如果上下级关系不明确，就会感到不安

男性之间的人际关系，简单来说，就像体育俱乐部。证据就是：男性总是在意年龄。可以说这是迟钝的男性唯一反应灵敏的部分了。因为**由年龄大小决定对方"地位的高低"，对他们来说更加轻松，符合他们的性格**。

比如在公司的联谊会中，如果男性间是前、后辈关系，就能看到前辈捉弄后辈，后辈奉承前辈的现象。可如果男性间是同辈，情况就不一样了。因为没有年龄这项绝对的"上下级关系"，他们会感到不安，彼此之间会相互较劲，试图凭蛮力压制对手，成为"地位更高"的人。

另外，**男性初次见到不知道年龄、职业和头衔的人时，会不知道该如何相处，心中感到不安**。

所以女性应该在开始交流时就明确男性关注的年龄和头衔等信息，这样一来，男性就能放下心来，之后的谈话氛围会更加热烈。

女性　通过团结对抗"强大的男性"

女性不像男性那样，在意年龄和头衔。哪怕在初次见面的派对上，也能立刻和大家打成一片，欢声笑语，这是女性的特长。

过去，女性在社会中处于弱势地位，**因此在现代社会中她们依然有强烈的弱者意识，认为女性应该团结起来。**

另外，女性的头衔多种多样，有"丈夫在一流企业工作的专业主妇""干劲十足的职场妈妈""海外留学的单身女性"，等等。结婚、生育、收入、技能，各种要素混合在一起，不能用统一的标准进行比较。这同样是纵向关系无法发挥作用的原因之一。不过，"横向社会"也有其困难之处。**因为背负着"必须和对方处好关系"的压力，有时需要在不喜欢的同事、合不来的朋友面前装出愉快的样子。**

女性重视与身边人的和谐共处，交流时的重点就是要尊重女性构建的人际关系，绝对不要贬低。

要这样对男性说话！

确定年龄和头衔

NG 差一两岁而已，不重要吧！

OK ××和我，谁是前辈？

要这样对女性说话！

尊重对方的人际关系，不要贬低

NG ××那个人给人感觉不太好。

OK 大家关系都很好啊！

场景 04　价值观

男性　从小打棒球

女性　从小过家家

男性　喜欢成长，容易成为"工作狂"

男性（有一定的个人差异）从小就喜欢棒球、足球等团队体育运动。规矩是不反抗教练，队伍取胜就会非常开心。

这样的男性非常喜欢"成长"这个词。今天比昨天强，明天比今天强。他们能在自己长大变强的过程中找到乐趣。喜欢锻炼肌肉的是男性，想让公司不断发展壮大的也是男性领导。

男性的人生非常简单，就像"射击游戏"一样。走出校门进入职场后，就只剩下工作。虽然也要面临结婚、育儿等问题，不过面对这些事情的主角其实都是妻子和母亲。

结果，男性只能在"工作"中不断累积分数。这样一来，就塑造出了完美的"工作狂"。

和男性一起工作时，要找到团队中自己应该发挥的作用。这样一来，就更容易给别人分配工作。

女性　人生的多样性在她们心中植入了变身愿望

女性小时候常玩的代表性游戏是"过家家"。"过家家"没有明确的目的和终点。在游戏中，大家一起创造出愉快的幻想世界，重视"协调性"和"共鸣"。

与一心想将公司做大做强的男性领导相比，女性领导更重视工作内容和公司氛围。

另外，与男性的"成长"相对应，女性喜欢的是"变身"。与其在同一个舞台上增加经验值，不断成长，她们更渴望重启，成为全新的自己。人生选择的复杂性，同样是加速女性变身愿望的原因之一。因为根据是否结婚、有没有孩子和工作的种类不同……都使女性可以通过不同的选择走上千差万别的人生道路。

总之，和希望享受工作的女性一起工作时，如果说话时重视协调性和氛围，就能提高她们的积极性。

要这样对男性说话!

找到自己应该发挥的作用

NG ：让我们一起愉快地努力吧!

OK ：我该做什么好?

要这样对女性说话!

重视协调性和氛围

NG ：如果能在这份工作中做出成果,就能得到成长!

OK ：大家一起努力吧!

第 1 章 基础篇

第 2 章 恋爱／性爱篇

第 3 章 婚姻／家庭篇

第 4 章 工作／职场篇

场景 05　品位

男性　喜欢不良少年

女性　喜欢可爱的装饰

男性　不良少年体质有迹可循

"温和的不良少年"曾经流行一时。自古以来,在男人的世界中都充斥着"不良少年崇拜文化"。就连乖巧老实的男孩子也至少有一次憧憬过成为"坏男孩"。高中生、大学生开始抽烟,恐怕也是因为觉得做坏事的自己很帅气吧。**坏=憧憬的对象。**

日本株式会社 LDH JAPAN 的男子舞蹈&演唱团体的外形像坏人,是现代不良少年的代表人物,汇集了"肌肉""同伴(羁绊)""礼仪"三要素。他们不仅得到了女性的支持,还深受男性欢迎。**服装上如果有骷髅等"可怕的事物",龙与虎等"强大生物"的图案,就会在男性中拥有根深蒂固的人气。**越是小地方,崇拜不良少年的倾向越强。男性喜欢"不良少年"式的要素,表现出他们"想要战胜他人""不想被他人看扁""想成为人上人"的愿望。**总而言之,就是出于"要打架吗!""你在要我吗!""不要看不起我"的心理。**

称赞男性的品位和身上的配饰时，只要说一句"好厉害"就可以了，这句话很容易满足对方的自尊心。

女性　Hello Kitty、爱心、蝴蝶结……用稚嫩和可爱武装自己

女性敏感地觉察到男性希望女性稚嫩天真，于是会喜欢Hello Kitty等可爱的角色，喜欢粉色，会在房间里堆满爱心和蝴蝶结，**打扮成可以用"可爱"来形容的样子**。

服饰和妆容中同样加入了"稚嫩"元素。日本女性歌手那样的少女时装和玩偶一样的妆容自不用说，女性用"女生""少女""公主"来称呼自己，同样是因为想要符合男性的期待。

顺带一提，**"可爱"对女性来说是万能用语**，有更广泛的意义，表示"我现在很心动"。这是与直觉紧密相关的词汇，没有规则可言。女性也不喜欢男性乱下结论，说些"所以你就是喜欢蝴蝶结的图案啊"之类的话。在夸奖女性的品位和装扮时，最好的说法是表达共鸣，比如对她说"我也喜欢这个"。

要这样对男性说话！

一句"你真厉害"就能满足对方的自尊心

NG 好像很强，嗯，很帅气……吧！

OK 那个好厉害！

要这样对女性说话！

最好的夸奖就是表示共鸣

NG 你喜欢粉色的东西吧？

OK 那个好可爱啊！

大脑结构

女性连接左右脑的胼胝体较粗，容易将事件和感情共同记忆，回忆过去时会产生临场感，仿佛事情刚刚发生过一样。

另一方面，男性由于胼胝体较细，会将过去的事情当成"已经结束的事"来处理。

当女性在男性面前提起过去的事发火时，男性会觉得女性不讲道理，因而感到生气，或许这正是大脑结构的差异导致的结果。

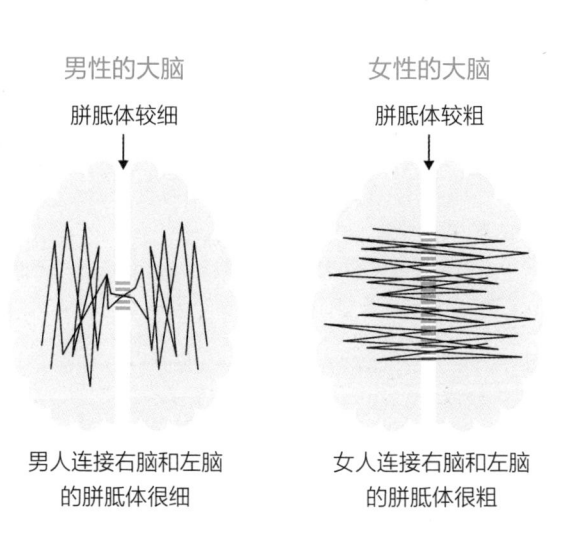

男性的大脑
胼胝体较细
↓

女性的大脑
胼胝体较粗
↓

男人连接右脑和左脑的胼胝体很细

女人连接右脑和左脑的胼胝体很粗

第 2 章

恋爱 / 性爱 篇

正因为无法相互理解
才能相互吸引

本章将进入男女之间具体差异的讨论。首先要提到的是"恋爱/性爱"。

恋爱是指"相互之间抱有好感的男女关系渐渐变好的交流过程"。虽然听起来好听，其实中间会夹杂着性欲、幻想、算计和嫉妒，是一段非常真实而生动的过程。

尽管理性可以在一定程度上处理好家庭和职场上的问题，可是到了恋爱中，人的本能就会彻底显露出来。也就是说，"恋爱/性爱"是最能清楚体现出男女之间，或者说是雌性与雄性之间差异的主题。

那个人究竟在想什么？好难受好痛苦，可就是放不下……恋爱中的男女之间充满了不可思议的关系，正因为无法相互理解，才能相互吸引。

或许有的人已经不再恋爱，或者对甜蜜的爱情故事没有兴趣，不过本章的内容同样与其他主题相通。请带着轻松的心情一边享受一边读下去吧！

男性会将前女友分别保存在不同的文件夹中，而女性会覆盖保存。"你谈过几次恋爱"的最佳答案是什么？（参考第 57 页）

场景 06　理想恋爱

| 男性 | 想成为"第一个男人" |
| 女性 | 想成为"最后的女人" |

男性　追求的是"白纸般的女性"

就像《源氏物语》中的例子一样，男性自古以来就梦想着能引导懵懂无知、少不更事的女性，将她们染成自己的色彩。进入 21 世纪之后，依然有不少男性追求"处女"。

这种心态和"想要开垦未开发的大地"这句话如出一辙，实际上这其中也包含着怯弱的一面。男性希望通过成为女性的"第一个男人"，来避免和其他男性进行比较。

只要自己成为第一个男人，无论去哪里约会，无论接吻的水平如何，都不会听到类似"前男友带我去过更好的地方""以前的男朋友水平更高"这样的评价。女朋友一定会在很多场景下心怀感激，感叹"我从来没做过这种事"。

可以说男性正是因为缺乏自信，才会追求"白纸般的女性"。

让这种男性高兴的方法，就是告诉他："你给了我第一次经历，所以，我以后会渐渐染上你的色彩。"

女性 追求的是"成熟男性"

女性拥有变身愿望，会幻想"总有一天，会有一位白马王子让我的人生变得美好"。**出于这种依附心理，女性会追求尽可能优雅、成功的成熟男性。**

女性看重的条件会随着年龄增长越来越复杂。因为她们认为："我都等到这个年纪了，必须找到更好的男人才行。"

女性不希望成为对方的"第一个女人"，而希望成为"最后一个女人"。也就是说，她们会自然而然地看向恋爱延长线上的目标——"结婚"。从这一点上可以说，女性面对恋爱更加现实。

要想让女性开心，就要表达出"你和我以前交往过的人完全不同，是我命中注定的女人"的意思。

要这样对男性说话！

让他觉得你会被染上他的色彩

NG：我以前来过这家店。很好吃哦！

OK：我是第一次来！

要这样对女性说话！

暗示她是特别的，是你命中注定的人

NG：我喜欢你这种类型的人！

OK：你是第一个让我有这种感觉的人。

场景 07　喜欢的异性类型

男性　喜欢"大家都喜欢的女人"

女性　喜欢"自己喜欢的男人"

男性　想和"好女人"谈恋爱，炫耀作为雄性的强大

男性普遍喜欢"外表可爱的女孩"。

男性在某种程度上，会把和自己交往的女性当成吉祥物、装饰品或者猎物，甚至有男性炫耀自己娶了美女为妻，证明自己是个成功人士。

男性希望自己身边的女性是"大家都认可的好女人"。他们拼命追求"好女人"，是因为想要向周围的人炫耀自己作为雄性的强大，相当于获得了巨大的猎物。

因为男性选择女性的标准是让周围的人羡慕、发出赞叹，所以他们非常喜欢简单易懂、光彩夺目的标签，比如"空姐""女大学生""模特"，等等。

要想吸引男性的注意，可以表现出虽然有男朋友，但是进展并不顺利的样子。这样一来，男性就会觉得"她有男朋友，是个好女人"→"可是好像有机可乘"→"啊，我好像喜欢她"。

女性　嗅觉灵敏，能分辨出适合自己的对象

在上中学之前，女性也会向往"大家都喜欢的好男人"，会用简单易懂的标准进行选择，比如智商和身体能力等。

不过，**心理年龄成熟的女性在初中和高中阶段，会开始形成"只属于自己的心仪异性"的标准**。渐渐地，女性喜欢的不再仅仅是长相帅气的男性，"熟悉亚文化、幽默的文科男生""手很漂亮的艺术系男生""喜欢运动、身材好的体育系男生"也开始受到欢迎。**对女性来说，"帅气"和"可爱"一样是非常复杂的概念，标准因人而异**。这对男性来说也是一个好消息，让他们被选择的可能性更多！

女性的喜好分散，是因为女性会下意识地从"要成为孩子父亲的人"的角度来审查对方。

要想吸引女性的注意，要立刻认同并表扬对方的品位和喜好，女性就会觉得"他理解我的个性，和我兴趣相同"→"啊，我好像喜欢他"。

要这样对男性说话！

表现出有男性认可自己的魅力

NG：我最近一直都没有男朋友。

OK：虽然有男朋友，可我们的进展不太顺利。

要这样对女性说话！

立刻认同并表扬对方的品位和喜好

NG：女孩子都喜欢××啊。

OK：很有××的风格啊，我觉得这很不错！

第 1 章 基础篇

第 2 章 恋爱／性爱篇

第 3 章 婚姻／家庭篇

第 4 章 工作／职场篇

场景 08　理想的求爱话语

| 男性 | 想成为第一 |
| 女性 | 想成为唯一 |

男性　希望除了恋人之外的人也喜欢自己

说到底，男性追求的是"白纸一样的女人"。可是他们心里明白，想真的得到白纸一样的女人很难。作为替代，他们希望成为女性历代男友中的第一名。

而且男性的这份欲望不仅局限于女朋友的历代男友中。当看到女朋友为偶像明星而激动时，他们心里同样是无法接受且嫉妒的。夸张地说，**男性希望自己在女朋友心中是"全人类中的第一名"**。

更糟糕的是，**男性还希望"被女朋友之外的女性喜爱"**。所以男性就算有女朋友也会去联谊，在酒吧受欢迎时也会开心。广撒种是男性的本能，无论何时，男性心中"被更多女性喜爱"的欲望都不会消失。

请大家告诉长期交往的男性，他永远是你心中最好的人吧。这样一来，就能满足男性想成为"第一"的欲望，让你们的交往更加顺利。

女性　希望得到恋人的爱

因为女性在恋爱中处于被动，所以对得到多数、不特定的男性的喜爱，兴趣不大。

当然，也有女性喜欢主动追求对方，不过普遍来说，"男性追求，女性回应"的情况更多。所以比起"进攻"，女性会将重点更多地放在"防守"上。

结果就是，被不喜欢的男性追求会让女性觉得麻烦，女性只喜欢被自己喜欢的男性所爱。

男性向女朋友表达爱意时，应该用"我只有你""你是特别的"之类的说法，告诉她"你是我的唯一"。

因为男性自己重视排序，所以很容易说出"我最喜欢你"之类的话，但这并不是女性喜欢的说法。

要这样对男性说话！

向他保证，他是绝对的第一位

NG：我只喜欢你。

OK：你是我在世界上最喜欢的人！

要这样对女性说话！

不要和其他女性做比较，告诉她我只喜欢你

NG：和别人相比，我最喜欢你！

OK：你是我心中最特别的人！

场景 09　恋爱和性爱

> **男性**　恋爱是游戏
>
> **女性**　恋爱是结婚

男性　将恋爱当成"攻略游戏",享受亲吻前的过程

对男性来说,恋爱的主要环节是亲密行为,虽然有不少人误以为这是"爱情",**但这不过是男性为了满足征服欲而"攻略喜欢的女性"的游戏罢了**。年轻男性更是如此。甚至可以说,中学时期的男生几乎只关注女生的外貌和身材。

说得极端些,男性可以和任何女性有亲密行为。因为追求"播种""留下后代"是男性的本能。于是,**亲密之后的男性,会觉得攻略完成,游戏通关,立刻失去动力。**

很多男性因为热衷于恋爱游戏,所以并不想结婚。他们真正的心声是不想负起责任,想多玩一玩。

所以,如果在两人交往前提到结婚的话题时,能够表现出自己不着急结婚的想法,就能让男性放心。

女性　将恋爱等同于结婚生子，享受亲吻后的过程

很多女性在恋爱时会关注结婚生子的目标。虽然她们嘴上说着"想和喜欢的人在一起"，其实多少会有为了"结婚"而恋爱的想法。

既然如此，**女性当然会关注男性的收入和未来发展，在关注"异性魅力"的同时，还会评估对方"适不适合做父亲"**。或许有人认为这是"算计"，不过，站在妻子和母亲的立场上挑选是理所当然的事。而且由于女性不像男性那样可以和任何人有亲密行为，所以会**对有过肌肤之亲的人产生感情**，强烈地意识到对方是"自己认可的异性"。

如果希望和成熟的女性交往，就要明确表达出结婚的意愿。这样一来，女性才会认真开始考虑要不要与你交往。

另一方面，对完全没想过结婚的女生，则要采取完全不同的行动。她们"想谈偶像剧般的恋爱"，会"爱上爱情"。这种情况也可以说只是在做"像恋爱一样的事情"罢了。

要这样对男性说话！

表现出自己不着急结婚

NG 我想尽快结婚！

OK 结婚啊，总会结的吧。

要这样对女性说话！

明确表示出结婚的想法

NG 我还没考虑过结婚。

OK 如果遇到合适的人，我当然想要结婚！

场景 10　恋爱的时机

| 男性 | 在风头正劲时想要女性的爱情 |
| 女性 | 在陷入低谷时需要男性的依靠 |

男性　事业上的成功会促使男性恋爱

男性会在自己风头正劲时想恋爱,工作顺风顺水时会"想交女朋友"。

男性非常重视工作。在自己重视的领域取得成功,会让男性更加肯定自己,将多余的能量投入到恋爱中。

另外,女性会在潜意识中"想和基因好的男性在一起",会被"专注力强""全心全意工作"等精力旺盛的男性吸引。**因此男性风头正劲时,自然也会受到女性的追求。**受欢迎的男性越发自信,会带着希望更受欢迎的想法去行动。

相反,女性看到低落的男性时会产生同情,想在各方面照顾他,可是男性并不喜欢状态不好的自己。所以就算靠近陷入低谷的男性,他们也会别扭地说些"不要管我"之类的话。

我再重复一遍，恋爱的机会出现在男性状态好的时候，喜欢他的女性请看清楚气氛，毫不犹豫地跟他搭话吧。

女性 在情绪低落时得到支持，就会爱上对方

女性会在失恋、工作不顺……陷入低谷时期待爱情。**因为女性怀有变身愿望，"希望有一位王子能让自己的人生变得美好"，所以会期待通过恋爱摆脱困境，从而求助于男性**。与男性相比，女性的恋爱动机着实消极。

因此女性与男性相反，如果感受到她们情绪低落，就赶快去搭话吧。如果能让她向你倾诉烦恼，就能拿下她了。

另外，女性在工作忙碌时会疏于打理外表。而男性往往会根据外表评价女性，因此便形成了"工作越努力，越容易远离恋爱"的情况。

现代社会中，"男人味""女人味"的概念渐渐淡化，**成熟的职场女性们反而更有"男人味"**。当今日本人并不热衷于恋爱，或许就是因为这个原因。

要这样对男性说话！

在他状态好时跟他搭话

NG 如果你有困难，随时可以和我商量。

OK 是不是有什么好事？

要这样对女性说话！

在她情绪低落时温柔地询问

NG 我也在烦恼……

OK 你没事吧？发生什么事了？

场景 11　爱情的开始

| 男性 | 会对符号产生欲望 |
| 女性 | 会对信号产生欲望 |

男性　会对简单易懂的女性特征产生欲望

大多数年轻男性会被欲望支配。所以会被"充满女人味的性感女性"吸引。

比如**丰满的嘴唇、柔软的胸部、圆润的臀部、超短裙、及膝长靴**……男性会被这些有女性符号的事物吸引。

当然，每个人喜欢的类型各有不同，不过"那是谁的嘴唇""谁穿着超短裙"并不太重要，能够引发男性欲望的是女性的身体部分和时尚单品本身。在这方面，可以说男性是非常单纯的生物。

面对这种会被普通的女性符号吸引的男性，请坦率地展示你的"女人味"吧。只要你表现出女人味十足的样子，男性就会拜倒在你的石榴裙下。

女性 会因为对方对自己的好意而心动

女性要稍微复杂一些。健壮的肌肉、胡子等充满"男人味"的东西对她们的吸引力并不太强。虽然有的女性是"肌肉控""胡子控",不过她们心里也有冷静的一面,会将一时心动和"喜欢"区分开。可以说,女性几乎不会单纯因为外表就喜欢上一名男性。

另一方面,**女性对别人向自己释放的信号很敏感。当她们觉得"他只对我温柔""他在关心我"时就会心动**。所以释放信号的人就变得非常重要,哪怕是以前并不太在意的人释放出的信号,只要她们感受到"这是只对我释放的信号",就会直接产生好感。

这或许是因为女性"意志不够坚定"。只要热情地靠近她们,总有一天能打开她们的心门。

所以面对女性,"我很在意你""我一直在关心你"的说法很有效。

要这样对男性说话！

展现"女人味"

NG 
我会在休息日练习英语口语，提升自己的能力。

OK
我很喜欢甜食。见到甜品就走不动路了！

要这样对女性说话！

表现出自己一直在关注她

NG 
你是不是做过××？

OK
××，你总是在做××吧？

第 1 章　基础篇

第 2 章　恋爱／性爱篇

第 3 章　婚姻／家庭篇

第 4 章　工作／职场篇

场景 12　制造惊喜

男性　喜欢浪漫

女性　喜欢浪漫的情境

男性　追求所谓"男性的浪漫"

很多男性既不擅长"制造"惊喜，也不擅长接受"惊喜"。因为男性不会体察人心，所以**不擅长"在没有明确的要求时，观察女性的心情制订计划"**。另外，男性**不喜欢无法预测的事情和无法用逻辑解释的事情**，所以在面对惊喜时，往往惊多于喜，甚至还可能会生气。

然而，这并不是说男性与浪漫无缘。比起女性，**男性更会因为**"为了实现从小的梦想独自来到美国""白手起家取得成功""拥有秘密基地一样的地方"等**所谓的"浪漫"而心动**。

男性轻视恋爱的甜蜜氛围和情绪，却会在人生中不断追求像孩子一样的快乐。

要想吸引男性，就要肯定男性的梦想，比如告诉他"你有能拼命为之努力的梦想，真了不起"。绝对不要说出打破他的梦想的话，比如"这能实现吗？"

女性　希望沉醉在浪漫的情境中

在夜景优美的餐厅约会，听着充满爱意的甜蜜话语，在令人心动的情境中温柔接吻……**女性对这样的"浪漫情境"毫无抵抗力**。原因或许是女性从小就接触以迪士尼动画为首的公主王子的故事，也或许是因为女性比较感性。

女性非常喜欢浪漫的情境，希望被捧在手心里，她们比男性更容易感动。不过，在更大的人生规划上，女性不会忘记保持冷静现实的观点。

想要迷住女性，可以扮演成非现实的、幻想故事中的人物登场，比如"被捧在手心里的公主和负责照顾公主的执事"，不需要感到害羞。

要这样对男性说话！

吹捧对方的梦想，让他沉浸在浪漫中

NG　你究竟想做什么呢？

OK　有梦想的人真是帅气。

要这样对女性说话！

说出让她陷入幻想的话语

NG　我不会说话，做不了角色扮演……

OK　公主真是任性啊！

场景 13　恋爱的激情

> **男性**　喜欢日常生活
>
> **女性**　喜欢纪念日

男性　想放空放松

经过邂逅、约会、开始交往，男性会变得突然想要放松。比如昨天还西装笔挺，今天就突然换上了一身充满生活气息的运动装；会变得嫌约会麻烦，在女朋友面前也不再打扮，不在乎纪念日……女性就算失望，觉得事情不该是这样也没有办法。男性当然也有借口。男性的激情本来就只能保持到"追到手为止"，之后就不再有"心动"的感觉。**男性不喜欢在"纪念日"上浪费多余的心力。**

交往前的男性带着"伪装"。为了追到喜欢的女性，只展现自己好的一面。另外，**他们还会觉得"我都努力追到你了，接下来该你治愈我了"**。

面对重视日常的男性，亲手为他做菜效果很好。不需要太费工夫的菜品，"用冰箱里的菜随手做做就好""只是一些家常菜"，这样的日常感就能打动男性的心。

女性　希望一直有心动的感觉

女性希望踏踏实实地和一个男性交往。所以，如果不能为交往的人感到心动，就感受不到恋爱的精髓。

女性**希望男性在"生日""圣诞节""恋爱纪念日"等特别的日子为她们隆重庆祝**。就算她们心里因为男朋友最近有些松懈而生气，但只要用心准备纪念日，她们就会因为感动而心情转好，觉得男朋友还是很在乎自己的。

也就是说，当你希望女性重新喜欢上你时，就要表现出你很重视特别的日子，而且重要的是，要比对方更早地说出来。

可是**在结婚之后，生了孩子、成为母亲的女性不再追求"心动的感觉"**。甚至不洗脸不打扮、穿着睡衣在家一整天，洗完澡后就裹着一条浴巾在丈夫面前晃来晃去。虽然不少男性会感到幻灭，哀叹"不该是这样的"，不过这都是"彼此彼此"罢了。

要这样对男性说话！

选择融入对方日常生活的话语

NG 我鼓足干劲，做出了一整套法国大餐！

OK 都是现成的东西，我只是随便做了做……

要这样对女性说话！

比对方更早提出特别的日子

NG 今天好像是什么纪念日来着。要怎么过呢……

OK 下次的××纪念日，我们出去玩吧。

第1章 基础篇

第2章 恋爱／性爱篇

第3章 婚姻／家庭篇

第4章 工作／职场篇

场景 14　约会的店铺

男性　喜欢去"常去的店"

女性　喜欢去"新店"

男性　不冒险，图安心

因为男性的大脑不够精巧，需要花时间才能适应新规则和新结构。所以男性讨厌冒险，出去吃饭时喜欢去"熟悉的店""常去的店"。**男性希望在"能让自己安心的"空间，像在自己的城堡里一样放松地吃饭。**而女性不同，就算是日常的午餐，也会兴奋地想去新开的意大利面餐厅。男性会有自己的轮换规则，比如"周一吃荞麦面，周二吃咖喱，周三吃猪排饭"。能在常去的店里点"和平时一样"的食物，是最能让男性轻松舒适的方法。

另外，**作为老顾客，能受到稳定优质的服务，这同样能让男性感到舒适**。虽然只是吃饭，但"想要胜过其他人"的斗争本能，让他们希望在当下的场合中接受最好的服务。

选择约会的店铺时，如果邀请男性去他"熟悉的店，常去的店"，他一定会欣然同意。

女性 不在乎结果，追求刺激

女性的大脑高度敏感，因此喜欢时髦新奇的事物。她们希望尽可能去没去过的店，获得全新的体验。会受到什么样的服务、有什么样的菜品，并且"不知道会发生什么"本身就是一种乐趣。正因为如此，当男性带女性去新开的店时，她们会因为是第一次而开心。可以说女性在细微的事情上也希望追求刺激。

约会时，男性会害怕"要是选的店不好怎么办"，而女性并不太在意结果。比起内容，能够获得全新的体验更能让她们开心。如果确实遇到了不喜欢的店，女性也许会在心里评价"一般吧"，不过依然会对男性用心"预约了我没去过的店"而给他打高分。

所以在选择时，一定要事先查好女性没去过的店，再去预约，以此来让她开心。

要这样对男性说话！

提出去常去的店，让他安心

NG：带我去一家时髦的店吧！

OK：去常去的那家吧！

要这样对女性说话！

请她去新店，网红店

NG：常去的那家家庭餐厅不错吧。

OK：××开了一家新店，我们去看看吧！

场景 15　吵架

男性　沉默

女性　哭泣

男性　**会集中精神思考，因此沉默**

吵架时，大多数男性会"沉默"。男性的大脑结构不擅长同时处理多个事件，无法一边思考一边说话。所以他们不是在沉默，只是单纯地不知道说什么。

另外，也可以说沉默是防止失言的手段。如果贸然开口，可能会说出不利于自己或者双方感情的话，因感情用事而到了无法挽回的余地，所以他们采取冷处理战术，用沉默是来防止这些事情发生。

再加上家庭教育的影响。男性接受的教育大多是"不能喜形于色"。由于他们不愿意表现出真正的感情，比如"悲伤""厌恶""气愤"，所以男性往往会在吵架时无可奈何地陷入"沉默"。而此时，女性没必要着急。相反，请在你哭出来的时候告诉他"没关系"，让他安心。

女性 会情不自禁地哭泣

女性的"眼泪"就像汗水。或许你会觉得"她哭了，我不能放着她不管"，但其实她们的眼泪没有特殊意义，不是因为悲伤，也不是因为生气。**女性很敏感，当各种感情同时压上心头时，就会无法控制地陷入恐慌状态。也就是说，她们只是因为激动才哭出来的**。

很多人说"眼泪是女人的武器"，实际上，确实有很多男性会因为女性的眼泪而惊慌失措，所以也有男性会猜疑"女性是故意流泪的"，其实大多数女性哭泣时根本想不到这些。

在脑科学领域，相关专家也认为眼泪具有能让人冷静的作用。**或许女性就是通过哭泣让自己冷静下来吧**。

吵架时，不需要因为女性哭泣而慌张，重要的是平静应对。另一方面，如果你想平静下来思考，请直接告诉她"给我一段时间思考"，来避免不必要的争执。

要这样对男性说话！

告诉他你的眼泪没有特殊的意义，让他安心

NG ……（突然哭出来）

OK 抱歉让你看到我哭，你不要在意。

要这样对女性说话！

告诉她沉默的理由，不要让她不安

NG ……（突然陷入沉默）

OK 抱歉，让我想一想。

第 1 章 基础篇

第 2 章 恋爱／性爱篇

第 3 章 婚姻／家庭篇

第 4 章 工作／职场篇

场景 16　出轨

> **男性**　会指责出轨的女性

> **女性**　会指责男性的出轨对象

男性　感觉输给了女性的出轨对象

当女性出轨时，男性会理直气壮地指责出轨的女朋友。

当男性被出轨时，会产生挫败感，觉得自己"输给了"抓住女朋友的心的出轨对象，从而攻击自己身边更弱势的人，也就是女朋友。

"自己的魅力输给了那个男人"，这种念头击碎了男性的自尊。他们只能靠攻击女朋友，指责她"背叛"，才能保住仅存的自尊。

所以如果被男性发现出轨，可以反过来批评他，是"你让我感到寂寞了"。配合男性希望相信的剧情，告诉他"不是因为你不如那个男人"，顺利的话就可以敷衍过去。

另外,男性中被称为"花花公子"的人,指的是习惯于拈花惹草的人。他们享受恋爱中最令人兴奋的阶段,就算有了女朋友和妻子,也依然热衷于攻略游戏。

女性　会认定错的不是他

发现男性出轨时,女性通常会指责男性的出轨对象,也就是另一名女性。她们会维护男朋友,指责"是那个女人骗他""他只是被骗了而已"。

虽然其中有相信男朋友的成分,**不过还是因为女性会想要自我保护,从而认定"不是因为自己的魅力不如其他女人,只是男朋友一时被冲昏了头脑"**。

所以被女性发现出轨,可以顺着女性希望的故事情节向她道歉,承认"是那个女人不好",顺利的话就能获得原谅。

另外,女性中也有"水性杨花"的人,不过与男性相比,数量较少。这是因为女性基本上只愿意和自己喜欢的人有亲密行为,不适合做拈花惹草的事情。**因此女性出轨时,大部分是"认真的"**。再加上女性在与对方有亲密行为后感情会变深,所以,就会出现有了亲密行为后而变得用情认真的情况。

要这样对男性说话！

反过来指责他，从而敷衍过去

NG　抱歉，因为他太温柔了……

OK　你知道我的心情吗？

要这样对女性说话！

配合女性心中的情节道歉

NG　她和我本来就关系不错，商量事情时就……

OK　抱歉，我一时糊涂。

场景 17　过去的恋人

男性　会分别保存

女性　会覆盖保存

男性　前女友是重要的收藏

对于男性来说，交往过的女性在某种意义上是自己重要的收藏。

男性会留恋之前交往过的女性，无论以何种方式分手，曾经"喜欢"的心情不会改变。所以男性很难做到扔掉包含前女友回忆的物品和照片，有的人还会偶尔拿出来回忆。将过去的自己投射在前女友的身上。

另外，**也有男性认为"前女友的人数是男人的勋章"**。可以说，他们是为了向别人炫耀，才会认真保存每一份"前女友档案"。

男性也会在不经意间询问女性："你谈过多少个男朋友？"女性需要准备"适合自己男朋友"的回答，不能多也不能少。

女性　不在乎前男友

女性认为眼前的人是最重要的。

所以她们认为：既然已经分手，前男友就不重要了，完全不关心前男友。这种状态一般被称为"覆盖保存"。女性的记性很好，并不是真的忘记了过去。在她们脑海中，对前男友的回忆，既不是文件，也不是文件夹，只是一张张便签，写着无数细节的标签。

因为平时不需要想起前男友，所以会等同于"忘记""覆盖保存"的状态，一旦需要，就能轻易地想起。

因为女性能够记住的事情比男性更多，所以即便没有给前男友分门别类，列出顺序，也能够顺利地检索出，让当时的情景和心情栩栩如生地重现出来。

如果问女性过去的恋爱经历，她们恐怕会坚称"没有联系了"吧。重要的是不要让她们知道你"喜欢回忆过去"。

要这样对男性说话!

告诉他们自己的恋爱经验不多也不少

NG　有多少人啊,我忘了。

OK　交往时间长的有3个人吧。

要这样对女性说话!

坚称自己不会回忆前女友

NG　偶尔会在社交软件上看到吧。

OK　我没谈过太多女朋友,现在我心里只有你。

场景 18　选礼物

男性　看不出区别

女性　不在乎区别

男性　稀有价值、传统……最喜欢"讲究"

男性很喜欢说"讲究"。在手表、汽车、美食等一切领域，都会有他们自己的"讲究"。不过**虽说男性有自己的"讲究"，但其实，只有凭借一些客观指标，他们才会觉得这是"正确的东西"，从而放下心来，** 比如说明书、数据和排行榜。

他们通过对照指标发现、理解不同物品的区别，甚至造就了一群"××发烧友"。男性喜欢"大家都喜欢的女性"，收礼物时，**男性也会喜欢"人气最高""稀有""传统名牌"等简单易懂的东西。** 因为有了方便评价的优点，他们就会认为"这应该是好东西"。

所以，给认识不久的男性送礼时，首先可以选择名牌。这就相当于夸奖他"适合用一流品牌"，会让他心情愉快。

女性 通过有没有打动自己的点来判断礼物的好坏

女性的感觉比男性更敏锐，就算不看说明书和数据，也能凭借直觉分辨出物品的区别。

有区别是理所当然的，但女性不在乎这些。比起区别，**她们更重视有没有打动自己的点，是不是"可爱"，是不是"帅气"**。因为喜好出于主观判断，所以女性的喜好经常会随着心情而发生变化。

说到女性喜欢的礼物，当然是她们想要的东西。可是每次都问"你想要什么"，只会让她们觉得"无趣"，所以女性会特意在一开始的 2~3 次，让男性尝试自己选择礼物。**就算"不合心意"，女性也不会太失望，因为她们喜欢惊喜，能够享受"意料之外的礼物"**。

"这是我为你用心选择的"，这种热情对女性很有用，所以请大家在送礼时，说说与店员交流时的辛苦，用自己的付出来打动对方吧。

要这样对男性说话！

加入说明书、数据等丰富的信息

NG　很不错吧！我在店里一眼就看上了。

OK　这个牌子叫××，我觉得很适合你。

要这样对女性说话！

如果品位不够，就用热情来凑

NG　这是××牌子的，是限量产品！

OK　虽然我不太懂，不过这是我努力选出来的礼物。

场景 19　自我意识

男性　不想被分析

女性　希望被猜中

男性　非常讨厌听到"高高在上"的口吻

我想男性一般都不喜欢被别人分析吧。他们特别讨厌自己的隐私被别人知道。

另外，分析这种行为，多少带着些"高高在上"的态度。**自己的情况被对方以"高高在上"的态度说中，这是男性的自尊所不能允许的**。因此，就算是日常对话，男性也不喜欢被女朋友说"你就是××吧"。无论对方说的是不是正确，被分析这件事，本身就是男性无法容忍的。

而且**更让男性讨厌的是分析加指责**。"你太固执了，再坦率一点比较好"。就算女性是出于好意而说出诸如此类的话，男性也听不进去，只会觉得生气。

如果你想指出男性的缺点，对他们提出建议，在说完后一定要加一句"这其实是你的优点""从好的方面来说"之类的话。

女性　很喜欢"他懂我"的感觉

女性很在乎别人对自己的看法，希望"被猜中""被分析"。**当别人说出"你是这样的人吧"时，女性会有一种自己被别人发现的感觉。**

面对女性，请尽情说出你的发现吧。听到男朋友说"你是这样的人吧"时，女性会开心地感到"他懂我"。当然，如果完全猜错的话，她们也会生气地认为"你完全不懂我"，可见，这还是需要一些技巧的。

比如，用含糊的说法指出女性的多面性，如："没想到你还挺坚强的""你偶尔也会寂寞啊"，等等。虽然也存在完全不坚强的人，或者从来没有感到过寂寞的人，不过这样一来，几乎所有女性都会觉得"被说中了"（在心理学上称为"巴纳姆效应"）。

另外，**如果指出对方在人前表现出的性格完全相反的一面，她就会有强烈地"被看透了"的感觉**，而这些，大家在很熟悉之后，就可以尝试。

要这样对男性说话！

指出对方的问题后，要立刻圆回来

NG：你最好改改××的性格。

OK：你就是××吧。这其实是你的优点。

要这样对女性说话！

用含糊的说法指出对方的多面性

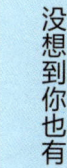

NG：××真单纯啊。

OK：没想到你也有××的一面。

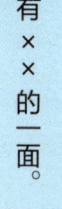

"人气"与"缘分"

男性喜欢"人气高"的女性,所以很在意女性的外貌。直截了当地说:要想受到男性的欢迎,变美是一条捷径。

但是女性只喜欢"自己喜欢的男性",所以任何男性都可能有机会。而且选择别人不在意的男性,更能让女性产生自豪的心理,觉得"这个男人更能反映出我的品味"。

女性总是说"我喜欢的人就是我的菜",这确实是真的。

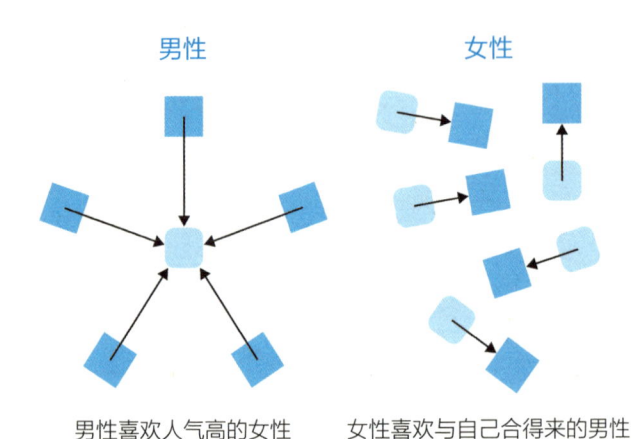

男性

女性

男性喜欢人气高的女性　　女性喜欢与自己合得来的男性

第 3 章

婚姻/家庭篇

在家里,女性是总经理,
男性是下属

下一个主题是"婚姻/家庭"。

结婚就是恋爱走到最后的男女,保持着对彼此的爱,一直幸福地生活下去……你应该已经发现了,事实并非如此吧。

在婚姻生活中,曾经恋爱期间不在乎(或者说是装作看不见)的男女差异会一个接一个地出现。如果试图用"爱"来掩饰这些差异,往往会落得个悲伤的结局。

夫妻其实就像是一个"妻子是总经理,丈夫是副总经理(或者下属)的公司"。也就是说,婚姻是两个人共同创业。每个家庭的管理方针不同,不过基本遵循总经理(女性)领导,员工(男性)服从的规则。

虽然对结婚抱有甜蜜幻想的人会觉得这种说法太

残酷,其实将家庭当成工作,就能解决夫妻之间的大部分分歧。

让我们来探索住在同一屋檐下的男女之间更好的交流方式吧。

结婚后,男性依然是个"孩子"。结婚后,"女性"希望被当成一个女人,会因为丈夫的孩子气而生气。(参考第76页)

场景 20　家庭经济管理

男性　以自尊为生

女性　以面包为生

男性　将恋爱和婚姻混为一谈

男性不太理解恋爱与结婚的区别。虽然他们能清楚地将工作和私生活分开（很多男性在职场上麻利能干；在妻子、女朋友面前吊儿郎当），但又将恋爱和婚姻混为一谈。

所以结婚后，他们依然不觉得自己有任何改变。从大脑结构上来说，男性无法迅速切换状态，无法彻底抛弃单身和恋爱时掌握的规则，不会想到要以结婚为契机，来改变生活方式。

他们希望能和单身时一样，自由使用金钱，希望面子上好看，想让别人对他们另眼相看，不想输。男性是重视"自尊"的生物，所以如果放着不管，他们就会买下和收入不符的高档车，在妻子努力节约时，大方地请朋友喝酒。

要想让存不下钱的男性存钱，就要给出目的和数值目标。如果只是轻飘飘地要求他们节约，他们只会闹脾气，不同意。

女性　将恋爱和婚姻彻底分开

一般情况下，女性在婚后会变得过于现实。大家有没有听已婚男性抱怨过，"她和我交往时，不是那样的……""结婚以后突然管钱管得很严，好可怕"之类的话？这是发生在很多家庭中的现象。

说到原因，是由于**女性在结婚、生育后，会将家庭和孩子放在第一位**。要为孩子准备多少钱，要买车、买房……她们会为家庭开销精打细算。

顺带一提，**很多女性会以结婚典礼为界，之后就进入了现实模式**。梦幻般的结婚典礼、蜜月旅行结束后，女性就过了恋爱的阶段。新婚期暂且不提，最晚到了生孩子之后，女性成为"母亲"，就会进入现实模式。

要想从热衷于存钱的女性那里得到许可，买自己想买的东西，不应该找各种借口来保护自己的权利，而应该提出自己能为此做出什么样的贡献。要指出对方能得到的实际利益。

要这样对男性说话！

明确目的和数值目标

NG：你多少节约些嘛！

OK：为了××，在×××之前，我们要攒到××。

要这样对女性说话！

指出对方能得到的实际利益

NG：只剩最后一个了，我就买下来了。

OK：只要你让我买，我就××，可以吗？

场景 21　收集癖

男性　收集没用的东西

女性　无法扔掉能用的东西

男性　总之想要集齐！能从收集本身找到意义

男性的房间里会摆着一排"饮料瓶的赠品""设计类似的手表"……重度"收集癖"中,大多都是男性。

出于狩猎本能,男性能在将"猎物"带回自己的"巢"这件事中获得满足感。另外,他们不仅仅满足于被"自己喜欢的东西"包围,还会创造出只属于自己的世界,希望向别人展示。正因为如此,很多男性会将收藏品摆在架子上。

放任收集癖的结果,就是房间被玩具填满。如果有了"一共30种"的目标,男性的收集癖就会被点燃,觉得自己"接到了任务"。另外,有"时间"和"数量"限定的稀有物品,更会激发他们收集的欲望。

当你想处理掉男性收集的物品时,不能强行扔掉,可以对他们说："这么重要的东西，要是弄坏就不好了，放到那边可以吗？"然后渐渐把那些东西收起来，等他们自己厌倦。

女性　还能用！比起收集，她们更难扔掉东西

女性的衣柜里，躺着"过时的衣服"和"购物袋"、占据橱柜的"大量空瓶"……好像这些都是所谓"能用的东西"。

过时的衣服真的有机会穿吗？空瓶中有可以放入的东西吗？纸袋有一两个就足够了吧……这样一想，女性还是和男性一样，喜欢收集"没用的东西"。

更准确地说，比起收集，女性是"无法扔掉能用的东西"。 她们并不是因为喜欢才收集的。

女性时尚杂志就是抓住了女性的这一心理，经常会附带"赠品小包"。女性会觉得"总有一天能用到……"，结果，因为这些其实用不到的小包，买下了根本不会看的杂志。

女性会想象"那个坏了的话就能用上""到时候会很方便"之类的场景，要想说服她们，可以这样说："到时候再买新的就好。"

要这样对男性说话！

一点点收起来，等他们厌倦

NG 那东西碍事，扔掉吧！

OK 先收起来可以吗？

要这样对女性说话！

劝她们"到时候再买就好"

NG 连衣裙已经穿不了了吧！

OK 需要的时候，我会再买给你的！

第 1 章 基础篇

第 2 章 恋爱／性爱篇

第 3 章 婚姻／家庭篇

第 4 章 工作／职场篇

场景 22　在家庭中的角色

| 男性 | 想做孩子 |
| 女性 | 想做女人 |

男性　希望一辈子做个孩子，希望女性扮演母亲

男性基本上一辈子都是孩子。他们不会像女性一样经历生育（虽然有热心育儿的"奶爸"，不过他们也没办法生孩子、喂奶），所以男性永远无法成熟，总是带着孩子气。

无论男性如何摆出成熟的样子，内心深处依然"不想成为大人""想要玩耍"。

于是，所有男性都多多少少有些恋母情结。**无论到多大年纪，无论身处什么立场，都会希望身边的女性能扮演"母亲"的角色，向她撒娇。**在工作上精明能干的男性，回到家里，会立刻变成连自己的衣服在哪里都不知道的"无能丈夫"，会问妻子"我的袜子在哪里？"说到底，男性最喜欢的女性就是"无论自己做什么，都能温柔地守在自己身边"。

因此要想让夫妻关系和睦，有效的方法就是：用哄小孩子的语气问男性："今天过得怎么样？"另外，在男性回答之后，用"你好厉害""真能干"这样的话来尽情地表扬他吧。

女性 希望一辈子做女人。会因为丈夫的孩子气而生气

女性无论何时都希望做女人，充满"母性"的时期仅限于将孩子培养到一定岁数为止，**也就是在生下孩子，完成养育责任，放开孩子的手之前。**

所以孩子长大后，女性会开始对"××妈妈""××夫人"的称呼感到不舒服，对没有夫妻生活产生不满。被丈夫叫作"孩子他妈"，自己就必须照顾他，这种情况也让女性感到不舒服。

女性在孩子长大后，角色会慢慢地从"母亲"回到"女人"。**也可以说女性能够多任务并行，能同时轻松地处理好"母亲"和"女人"的角色切换。** 所以让夫妻关系和睦的窍门，就是在对话中特意加入恋人之间才会用到的话语，比如"我们两个""约会"，等等。要告诉她，你一直将她看成一个女人。

要这样对男性说话！

是用哄小孩子的语气询问

NG 不要在家里说工作的事！

OK 今天工作怎么样？

要这样对女性说话！

选择恋人间的话语

NG 孩子他妈，我的袜子呢？

OK 偶尔也和我单独去约会吧！

场景 23　家务・育儿

男性　单一任务化

女性　多任务并行

男性　在家务和育儿方面需要等待指示

以前的日本家庭非常简单。家庭内部分工明确，甚至有"男人不进厨房"的说法，所以人们普遍认为：丈夫出门工作，妻子专心做家务育儿是最好的模式。

而如今"夫妻双方都有工作"已经成为标准，过去的模式并不适用。不过**男性的左右脑连接较弱，只能处理"单一任务"，没办法同时完成洗衣、做饭、打扫、育儿等多种多样的工作。**

因为丈夫头脑不够灵活，做不到"具体问题具体解决""随机应变"地处理事情，所以完全是"等待指示的人"。

男性中还有不帮忙做家务的人。不过他们会给出不做家务的合理原因，比如"我上班早，所以你来扔垃圾，衣服我来洗"，男性会把家务当成"任务"。

要给男性详细的指示,让他们能想象出具体的步骤,告诉他们"一件事应该如何去做比较好"。大家可能会觉得"需要解释到这个地步吗"?不过仔细说明确实是必要的。

女性　大脑结构适合做家务和育儿

女性的左右脑连接较强,可以"多任务并行",适合同时进行复杂的工作。**可以说,家务和育儿是适合女性做的"工作"。**

比如开着洗衣机做早餐,观察孩子吃早饭时精神好不好、吃得多不多,丈夫有没有忘带东西,还能用余光看着电视节目……**母亲之所以能习以为常地做到这些,正是因为女性的大脑是"多任务并行"的。**

当然,"男主外,女主内"的结构也适用于很多家庭(这并不是说女性不适合在外工作)。

在家务上,男性要听从女性的指示。另外,不要等女性说出口,主动寻找自己能做的事情的态度会得到好评。

要这样对男性说话！

用请孩子帮忙一样的细心口吻

NG 你怎么不做××！

OK 我想把××做成××，你能帮我吗？

要这样对女性说话！

和工作一样，也要主动寻找自己能做的家务

NG 你跟我说的话我就会帮忙。

OK 我来做些什么吧。

第 1 章 基础篇

第 2 章 恋爱/性爱篇

第 3 章 婚姻/家庭篇

第 4 章 工作/职场篇

场景 24　在家中的状态

男性　放空

女性　焦躁

男性　在家会松口气，处于完全放松的状态

男性在家时，会有些过于迷糊。他们本来就比较迟钝，再加上男性觉得结婚后的妻子身上有母性，所以会不自觉地撒娇。还有一种说法认为，看似在发呆的男性，其实大脑的想象部分（右脑）在全速运转，在思考着什么。因为大脑在高速运转，所以除此之外的动作就会都停下，处于"休眠状态"。可是对于能高速处理信息的女性来说，就会觉得"想事情而已，可以一边做事一边思考吧"。

妻子在忙忙碌碌地做家务，丈夫却呆呆地看着电视，等他终于动起来了，却是去做自己喜欢的事。正因为如此，家里人才会觉得"爸爸没用"。

看到丈夫在家发呆时，先不要主观认定他很闲，突然地让他做家务，可以先问一句"你没事吧"。如果对方回答"没事"，再

拜托他做家务就好。

女性 有各种压力，会精神疲劳

女性在家中基本会处于焦躁、神经质的状态。家里的经济情况、孩子升学、和邻居的关系……压力无处不在。**另外，因为女性会（不受控制地）在意各种事情，所以经常因为不必要的压力导致精神疲劳。**

可是**迟钝的丈夫不知道妻子心情不好的原因，只觉得"讨厌""可怕"**。家里明明应该是舒适的场所，如果妻子生气焦虑，丈夫就会厌烦，心想："我回家是想放松的，结果这么郁闷。"

结果导致丈夫会不想回家，沉迷于家庭之外的享受中，最糟糕的情况是在出轨对象那里寻求安慰。虽然丈夫的行为不能说是"无可奈何"，可是也不能说"妻子完全没有责任"。

男性应该先仔细观察妻子的状态。如果发现妻子生气焦虑，就问一句"你怎么了"，然后，等待她的回答吧。

要这样对男性说话！

看到丈夫发呆，首先去关心

NG：没事的话至少把浴室打扫一下！

OK：你怎么了？

要这样对女性说话！

观察妻子的状态，送上关心

NG：不要心急火燎的！

OK：你怎么了？

场景 25　夫妻对话

男性　在人前啰唆

女性　在关系亲密的人面前啰唆

男性　希望得到他人的尊敬

男性希望"他人"听自己说话。

男性"希望被世界认可""希望影响更多的人",所以一旦有机会在很多人面前说话,就会不自觉地变得啰唆。特别是在他们擅长的领域、工作相关的专业领域,话就会更多。男性在众人面前的演讲,最后基本都会变成自夸。

可见,"演讲"是男性喜欢的交流方式,这能给他们带来某种成就感,而对方的反应则无关紧要。

可是,**这种"渴望倾诉"的男性,在妻子面前依然会变得沉默**。因为他们希望在家里可以放松下来,想节约说话的能量。

和丈夫对话时的基本态度是"支持"。可以说些"你好厉害""不愧是你"的话，坦率地表达出自己的感想。

女性　希望让关系亲密的人产生共鸣

女性希望"关系亲密的人"听自己说话。

女性喜欢倾诉，想通过倾诉来"消解压力""得到共鸣"。因此她们在丈夫、孩子和闺蜜等关系亲密的人面前，话会变多。

相反，女性不习惯在众人面前，有目的地发表言论或者演讲。可是在结婚典礼等场合，让新郎新娘潸然泪下的著名演讲大多都是女性做的（虽然有话题分散，只有关系亲密的人能听懂的缺点）。因为女性不会想着自夸或者展现自己，所以说的话令听众很顺耳。

在家里和妻子对话时，基本态度应该是"与她产生共鸣"。

另外，对男女都适用的"3条交流窍门"分别是：1.不要提建议；2.不要打断对方；3.不要走神。

要这样对男性说话！

基本态度是支持

NG 嗯，可是，如果更××一些如何？

OK 这样啊，你好厉害！

要这样对女性说话！

基本态度是与她产生共鸣

NG 你也有不对的地方吧？

OK 是啊，我懂你，确实是这样。

场景 26　改变

男性　不想改变

女性　渴望改变

男性　莫名其妙地抗拒改变，"自尊心强的下属"

男性不擅长应付新环境，完全没有改变的想法。相反，他们是顽固地"不想改变自己"的生物（虽然想要成长）。

这样的男性就像一个自尊心强，却完全不知道如何工作的新员工。**因为他们会莫名其妙地对自己的做法充满自信，所以无论多好的建议都听不进去。就算制定了划时代的优秀规则，他们也会顽固地遵循传统做法，抗拒新规则。**

男性认为"改变自己相当于认输"，而且他们明白自己需要一定时间才能适应新规则，所以"不想浪费时间"。

如果想让男性接受新规则，需要尽可能有逻辑地解释原因，让他们明白。虽然可以因为嫌麻烦，只说一句"你跟着做就好"，可是这样一来，失去的将比得到的更多。

> **女性**　大体正确，"喜欢照顾人的能干上司"

女性有变身愿望。实际上，女性的大脑结构确实更容易切换状态，所以，适应变化对她们来说是小菜一碟。另外，职场女性在公司，大多是遵循男性指定的规则工作，所以**至少在家的时候，希望丈夫能配合自己的规则，这也是无可厚非的事**。

比如"既然已经结婚了，就不能出轨""结婚以后，花钱时应该更有计划""有了孩子之后，你不能只管工作，也要腾出时间陪陪家人"，这些要求都是在期待男性改变。然而遗憾的是，男性很难改变已经形成的习惯。也就是说，**女性不能以改变对方为前提结婚**。

在家庭中，女性是上司，男性要对女性言听计从。至少要表现出"有干劲"和"顺从"的态度。

要这样对男性说话!

解释原因，努力让对方理解

NG 好了，总之先××。

OK ××是不是效率更高呢？

要这样对女性说话!

表现出干劲和顺从的态度

NG 我有我的做法。

OK 我会努力加油！

场景 27　和好

男性　不道歉

女性　不忘记

男性　自尊是妨碍

男性是重视自尊的生物。所以就算吵架，男性也只会考虑"道歉就输了"这种无聊的小事，很难做到主动道歉。

面对自尊心强的男性，女性如果一直主张自己正确、完全切断对方的退路是不可取的。"是我说得太过分了""我应该再早些说的"，就算觉得勉强，女性如果能承认自己的不对之处，就更容易让双方和好。

另外，由于女性记性好，吵架时会翻旧账，比如"3 年前的纪念日，你不是也迟到了 10 分钟吗"，这会让彻底忘记的男性感到困扰。女性虽然没办法忘记过去，**不过吵架时，请将精力集中在眼前的问题上。**

而且当男性抛下自尊道歉时，女性应该做的不是"原谅"，

而是就算自己没错，也要告诉他"我也有错，对不起"。

女性　记忆力是妨碍

女性不像男士那样重视自尊，所以如果能接受是自己错了（或者认为这样能更完美地收场），就会立刻道歉。

但是，**如果错在对方，就算对方道歉也很难一笔勾销**。因为记忆力好，女性会念念不忘。就连丈夫几年前的错误也记得很清楚，会突然想起当时不愉快的心情，甚至流下眼泪。

男性容易把妻子当成"无论自己做什么都会原谅自己的母亲"，在她面前任性撒娇。在工作中犯错时，应该没有人会拒绝向上司道歉吧。那么，请男性将妻子当成上司来对待吧。

而且道歉时不能找借口解释，首先应该说"我让你感到不愉快了，对不起！"**要从感情上出发，打动妻子的心**，借口和辩解之词请之后再说。

比如纪念日无法早点回家时，正确的道歉方法是："你为我们两人的纪念日准备了这么多，抱歉，让你伤心了！"如果只是轻描淡写地说几句"对不起"，对方可能就会追问"你说说看，哪里对不起我了"。

要这样对男性说话！

就算觉得自己没错，也要回一句"对不起"

NG 你总是这样！

OK 我也有错！

要这样对女性说话！

道歉时集中在感情方面

NG 我想回来的，结果接到了工作……

OK 抱歉，让你难过了！

第1章 基础篇

第2章 恋爱／性爱篇

第3章 婚姻／家庭篇

第4章 工作／职场篇

用图片了解!
男女差异

"任务管理"

男性是单一任务化的，所以必须彻底完成第一项任务后，才能进入下一项任务。

女性却是多任务并行的，可以同时进行多项任务。

所以女性很容易在说话时突然跳到另一个话题，把男性放在一旁。

男性的任务管理

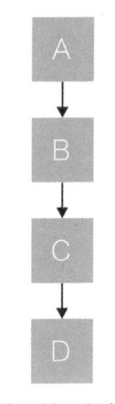

A
↓
B
↓
C
↓
D

男性是单一任务化

女性的任务管理

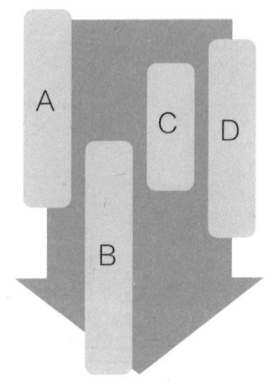

A　B　C　D

女性是多任务并行

第 4 章

工作 / 职场 篇

工作的规则由男性制定

最后一项主题是"工作/职场"。

工作是一个残酷的世界,"胜负"一清二楚。如果身为下属,就要不停地接受命令;成为上司后,也要能够指挥别人。

另外,由于女性和男性一起工作的历史尚短,所以要在很大程度上按照男性制订的规则工作。因此,比起喜欢和同事保持良好关系的女性,在垂直社会中钻营、以出人头地为目标的男性,更适合现在的职场。

因此在职场上,女性配合男性的方式交流会更加顺利。

当然,男性也可以通过学习女性的交流方式,来缓和职场的氛围。

理想状态就是男女交流状态的"完美平衡"。

要想在职场上保持良好的人际关系,该采取什么样的交流方式呢?让我们认真思考一下吧。

职场以男性(棒球)规则为主流。
玩过家家长大的女性不容易适应。(参考第 104 页)

第 1 章 基础篇

第 2 章 恋爱/性爱篇

第 3 章 婚姻/家庭篇

第 4 章 工作/职场篇

场景 28　工作的原动力①

男性　想出人头地

女性　想绽放光彩

男性　头衔、年收入、一流企业……像打游戏一样追求出人头地

男性认为，工作"是人生的全部"，会贪婪地追求"出人头地"。在流行的日剧中，闪闪发光的主角从"小职员逆袭高层上司"，对待恶人"以牙还牙，加倍奉还"，机关算尽后脱颖而出。

得到头衔，提高年收入，跳槽到更大的企业——不同人对"出人头地"的理解各有不同，**总之，男性希望听到别人夸他"你真厉害"，想成为被人羡慕的人，想拥有权力，想站在高位。**基本与希望被母亲表扬而好好学习的学生别无二致。

所以很多男性在退休不再工作后，会觉得"我已经一无所有了"，然后突然老去。

要想让男性充满干劲，就要配合男性想要出人头地的想法。说些"这件事可不能输"之类的话来配合对方的情绪。

女性　希望在能绽放自己光彩的职场和大家处好关系

很多女性在工作中追求的是"价值"。她们在意工作内容本身是不是愉快，能不能帮到别人，是不是只有自己能完成的工作。也有人重视职场的人际关系和透明度，为将来着想而关注产假制度，或者福利保障。**也就是说，女性会重视工作和职场是否能绽放出自己的光彩。**

在内心深处，女性想要的是大家都开心的"过家家"游戏，对出人头地没有兴趣。 如果抢了别人的机会而取得工作成果，因此在女性团体中丢了面子，在她们看来，那就是失败。所以有女性甚至会特意避免接下重要项目。

女性会把工作和生活区分开，会培养工作之外的兴趣和人际关系，所以就算辞职，也能顺利地踏上人生的下一个阶段。

要想让女性充满干劲，可以给女性留出绽放自己光彩的舞台，对她们说："我希望××能展现出自己的能力。"

要这样对男性说话!

配合男性想要出人头地的想法

NG 这是我的工作吗?

OK 绝对要赢!

要这样对女性说话!

给女性留出绽放自己光彩的舞台

NG 加油努力吧!

OK 这是只有××能做的工作!

场景 29　工作的原动力②

> **男性**　因为权力而高兴
>
> **女性**　因为稳定而高兴

男性　什么都可以，就是想要头衔

对于两眼放光，想要出人头地的男性来说，最好的奖励就是"升职"。主任、组长、科长、部长……随着职位的升高，自己在公司里的影响力越来越强，能够参与的项目越来越大，这会让他们高兴不已。因为男性希望确认自己拥有的"权力"，所以同样在意"头衔"。比起从上司口中听到"你做得不错"的鼓励，"你是这个项目的主管"这种哪怕是暂时的头衔，也更能让他们开心。

男性追求的"头衔"大致可以分为两种。一是一国之主。就算小，他们也希望拥有自己的公司，然后，作为"老板"来指挥所有事情。风投公司的老板就是代表性的例子。另一种，是人人皆知的"大企业"的品牌力。比起工作内容，很多男性更在意公司的名称和品牌。

面对男性，哪怕内容含糊，给他们权力和头衔吧。只要这样做，他们的工作动力就会急剧提高。

女性　希望听到"我希望你能一直工作下去"

女性比男性现实，体会不到徒有其表的头衔的魅力。

尽管女学生和男学生一样希望能进大企业和知名企业，不过她们想要的是**大企业才有的"稳定"**，比如令人满意的薪资，丰厚的福利制度，将来需要的产假及相应支持育儿的体制，等等。

顺带一提，结婚和就业很像，很多女性选择结婚对象时，比起虽然长相帅气、但是"风险大的风投公司老板"，她们更喜欢虽然职位不高，但是"工作稳定的大企业普通员工"。职场同样如此，**女性会努力在公司中找到属于自己的稳定位置**。"我希望你能一直工作下去"，这种感到自己被人需要的话最能让她们开心，女性会因为在公司中得到自己的容身之处而感到满足。

面对女性，要坦率地说出"你是必要的人才""是不可或缺的战力"。稳定的位置和能安心工作的环境，都能提高女性的工作动力。

要这样对男性说话！

哪怕内容含糊，也要给他们权力和头衔

NG ××真是个幕后英雄啊！

OK 请××担任项目主管！

要这样对女性说话！

坦率地表示对方是必要的人才

NG 你在任何地方都能做得很好！

OK 希望你一直留在我们公司！

第1章 基础篇

第2章 恋爱／性爱篇

第3章 婚姻／家庭篇

第4章 工作／职场篇

场景 30　称赞①

男性　重视结果

女性　重视过程

男性　在乎胜负和数字

从小打棒球的男性对胜负和得分很敏感,比如"1∶2落败""13∶2大胜"等。**所以称赞男性时,可以强调具体的数字,比如"真厉害,完成了增长×%的指标,你是绝对的第一名"。**因为男性比女性更重视数字,所以会对"×%""×成"等说法很敏感。

就算男性和女性做出了同样的努力,依然会将准备期间的事彻底忘在脑后,也不会重温当时的充实感。靠得住的只有数字,所以比起模糊的记忆,他们更重视能够反复确认的结果和数字。

慰劳男性下属时,可以像使用固定搭配一样,反复强调"数字"和"事实"。

女性 心情和过程更重要

女性从小玩"过家家",她们重视的不是结果,而是"大家团结一心思考提出方案时怎么做""住在一起为活动做准备"等过程。

当然,提案被采用、活动成功举办的结果会让女性感到开心,可是她们并不会像男性那样激动,觉得"做到了!成功了"。

比起结果,女性更重视团队整体的心情,比如"当时大家一起努力过了""虽然很辛苦,不过很充实"。女性的大脑在记忆时,会包含感情,所以能栩栩如生地回忆起当时的心情。

因此慰劳女性下属时,也可以像使用固定搭配一样,反复强调"过程"和"共鸣"。对过程表示共鸣,重点强调心情,比如:"你真的很努力。熬夜很辛苦吧?"

要这样对男性说话！

像使用固定搭配一样，反复强调"数字和事实"

NG 你们的团队努力了通宵呢！

OK 拿下×亿日元的合同，这还是我们部门第一次！

要这样对女性说话！

像使用固定搭配一样，反复强调"过程"和"共鸣"

NG 两个月就拿到2亿，能拿到总经理奖吧！

OK 虽然很辛苦，不过很开心吧。

场景 31　称赞②

男性　渴望表扬

女性　渴望理解

男性　希望自己的成果能得到表扬

由于男性重视结果,所以表扬他们时最好指出"是什么样的行为带来了现在的结果"。

比如"因为你的发表很有说服力,所以我们拿下了合同""企划书写得很好,你在这 3 年里成长了很多啊"。

不过,上面这两个例子都是上司对下属"从上到下"的称赞方式。请不要用在除下属之外的人身上。

相反,**如果要称赞上司和前辈,比起指出事实,坦率地强调自己觉得对方"厉害",效果会更好。**

首先说出自己的感慨,比如"你真厉害!这次能赢都是靠前辈","××的企划书写得果然很棒",要避免高高在上的态度出现。

不过前文中也提到过，提出"数字"和"事实"是基础。

女性　表扬她们努力的态度

比起结果，女性更重视过程，所以表扬她们的时候要努力表达共鸣，说些"我知道你有多努力"之类的话。

如果夸她们"连休息日都在上班，你真的很努力""你英语不好，还能做到这个地步，真了不起"的话，还能表现出"我一直在关注你"。

和男性一样，**表扬同辈和前辈时，要首先表示感慨**，比如"连休息日都要准备工作，我很尊敬您""用英语交流很难吧，辛苦您了"。核心就是要巧妙地将"过程"和"共鸣"组合在一起。

我认为"称赞的四项基本原则"是：**1. 关注和以前相比发生变化的部分；2. 称赞自己认同的点；3. 只称赞自己真正喜欢的点；4. 每次注意到时，都要称赞。**这四项原则不只是针对女性，对男性同样有效，请大家一定要试试看。

要这样对男性说话！

以"数字&事实"为基础，不要采取高高在上的态度

NG：拿下×亿日元，你真能干！

OK：啊，有×亿日元呢，部长您一句话就搞定了。

要这样对女性说话！

以"过程&共鸣"为基础，不要采取高高在上的态度

NG：我觉得你很努力。

OK：辛苦这么多年，终于有回报了！

场景 32　称赞③

| 男性 | 希望得到全世界的认可 |
| 女性 | 希望得到身边人的认可 |

男性　希望被全世界不认识的人尊敬

男性在说"我也希望得到认可"时，其预想中的范围相当广。**令人惊讶的是，男性希望得到"全世界"的认可**。比起"被认可"，用"想被尊重""想拥有影响力""希望别人说自己'很厉害'"的说法或许更加简单易懂。

"希望自己探索的成果能留在地图上""希望能在历史上留名"，这些是男人的浪漫。他们想让素不相识的人、让未来的人也对自己另眼相看。

因此男性希望从事重要的工作，就算要为此承担更大的责任也没关系。

另外，男性非常希望被上司等地位高于自己的人称赞，想要被提拔，"想在垂直社会向上爬"，这可以说是男性特有的愿望。

在男性同事向你炫耀时，虽然只要附和一句"你真厉害"就够了，不过如果能提到上司或者可爱女员工的名字，告诉他"××也夸了你哦"，他们就会感到自己被更多的人认可了。

女性　希望被身边的女性羡慕

女性希望得到认可的范围是朋友、附近认识的人、职场中坐在自己旁边的同事和直属上司。**与男性的"世界"相比，她们希望在触手可及的范围中，得到切实的认可**。换句话说，女性"希望被别人羡慕""希望成为别人憧憬的对象""希望听到'真羡慕你'的称赞"。

女性世界的评级是相对的。"我'比'她'更'可爱""我'比'朋友'更'幸福"。在狭小的世界中，列出认识的人，提高一方压低另一方，可以说，女性世界每天都在进行严格的排名。因此她们对不认识的人的功绩，完全没有兴趣，也没有希望能从事不现实的重要工作的欲望。

当女性同事向你炫耀时，多对她说些羡慕的话吧。听到作为亲近之人的称赞，是最让她开心的事。

要这样对男性说话！

提出别人的名字，告诉他"那个人表扬你了哦"

NG ××真好，我好羡慕你！

OK ××也说你很厉害！

要这样对女性说话！

多说些羡慕的话

NG ××也说你很厉害！

OK 真好，我好羡慕你！

场景 33　会议 ①

男性　喜欢开会

女性　喜欢闲谈

男性　面对没有逻辑的女性会感到烦躁

男性在会议上无法坦率地发言，很难下决定。**因为他们想要出人头地，觉得"不能说不合适的话"**。男性害怕被当成傻瓜，被轻视。因为心存杂念，就算有想法，男性在会议中，也只会一边观察气氛一边发言。

自由讨论，也就是"头脑风暴"，基本原则是"绝不对大家提出的意见做批判"，因此每个人都可以畅所欲言。而男性总是将身边的人看成竞争对手，会因为"不想输"的想法让他们无法轻易开口。他们只想说正确的答案，而且觉得扩展话题也很麻烦。所以**男性不擅长自由讨论**。

虽然男性会要求女性"说话要有逻辑"，然而无视效率、在会议上磨蹭拖延的也是男性。如果要对这样的男性说话，首先要说些总结性的发言，比如"重点有三个"，他们就会认真倾听。

女性 面对先说结论的男性感到烦躁

由于大脑结构的原因,女性总是在处理大量的信息和感情。所以就算是开会,也会不自觉地在发言中夹杂自己的"情绪"和"想法"。于是说话时会变得像闲谈,用些"虽然我觉得不太好,不过……而且……说起来……"之类的口语化说法。**面对男性的一口气冲向"结论"的说话方式,女性会觉得尴尬,也不擅长。**

从这一点上来说,**女性擅长一边协调同伴关系,一边自由讨论**。进行自由讨论时,女性会提出奇思妙想,尊重彼此的意见,给一些"这个也不错""真有趣"之类的称赞,然后想出更有趣的点子。所以当自由讨论遇到瓶颈时,可以增加女性的人数。

如果要对女性说话,不能摆架子讲道理。要加入温和的缓冲,以赞成对方的形式开头,比如"与其说这是我的意见,不如说是补充"。

要这样对男性说话！

就算只是开头也好，要装出简明扼要的样子

NG：××是××的……也有××的一面。

OK：总而言之……

要这样对女性说话！

打开话头时要柔和

NG：你说的不对。因为……

OK：可能不是这样吧……

场景 34　会议②

男性　看资历

女性　看氛围

男性　胜负就是生命

男性总是会在意"资历"。"资历"指的是：男性所属的"垂直社会"中的上下级关系。

男性在意自己的晋升，会关注是谁在主导会议讨论。然后尽可能遵循更有优势的意见，让自己处于有利的立场。因此男性可以毫不在意地说出阿谀奉承的话，会小心不要说出有损"位高权重之人"面子的话。男性社会虽然平时主张"重视效率"，但会为了遵守资历而心平气和地牺牲效率。

对男性来说，会议和工作都是游戏的一种。他们会为了取得胜利发言，也会为了避免失败而闭嘴。

如果会议陷入奇怪的、剑拔弩张的氛围，你可以装出天真的样子，向男性提问。男性会表示"既然你问了，我就告诉你……"，让讨论活跃起来，从而使会议的气氛回到良好的方向。

女性　和谐的氛围就是生命

女性总是在关注"气氛"。"气氛"指的是会议的氛围和与会者的心情。女性生活在重视和谐的"横向社会"中，所以她们希望会议在良好的气氛中进行。比起发言的内容，她们更重视发言结果带来的情感和氛围。

女性发言时，不像男性那样追求胜负，而是会不停地观察"××的发言是不是让科长生气了""××的提案通过了，好像很开心"。

女性将和谐的氛围看成生命，对负面情感尤其敏感，会将自己的意见有没有被采纳放在其次，优先考虑有没有伤害到谁的心情。 可见这种"能体察他人"的说法虽然听起来不错，可是也会因为害怕引起讨厌或者对立的情绪，导致话题完全无法进展下去。所以一旦会议陷入僵化的局面时，无论再怎么催促女性自由发言都无济于事。此时会议主导者可以提出让大家喝杯咖啡、休息一下的建议，以此来改变气氛。

要这样对男性说话！

气氛变得剑拔弩张时，装作天真的样子提问

NG：各位，该怎么办好呢？

OK：我想听听××的意见。

要这样对女性说话！

陷入僵化的局面时，建议大家休息

NG：请大家自由发言。

OK：稍微休息一下吧。

场景 35 工作习惯

| 男性 | 勇往直前 |
| 女性 | 随机应变 |

男性　能够集中精神，可视野狭窄

男性擅长沿着一条直线冲向终点。因为左右脑的连接较差，男性倾向于只使用大脑的一部分，或者一侧的大脑，接到工作后，就会集中处理。**在职场中，男性大多时候也不在意细节，目不斜视地"勇往直前"。**

然而另一方面，男性的弱点在于，一旦规则或者系统发生改变就无法应对，容易动摇。**可以说，男性需要学习女性随机应变的一面。**

可以预想到，今后的社会变化会更加迅速，因此需要以更轻盈的步伐"摸索着前进"，发现不对立刻转向。"太认死理，一味前进"的做法，恐怕会将其带入死胡同。

如果看到为工作困扰的男性，不妨做一些力所能及的事来支援他吧。面对即将走进死胡同的男性，劝他放松下来，帮他分析一下整体情况再做打算。

女性　虽然灵活，却容易迷失目标

女性的左右脑连接较强，总是在同时处理大量信息。说得好听点，就是能够注意到细节；说得不好听，就是"总处于精神不集中"的状态，容易迷失问题的本质。

虽然女性不像男性那样能够集中精力，不过她们能够迅速转换，立刻适应新规则。在职场上，女性也更擅长在设定目标的情况下，采取"随机应变"的方式。

另外，女性能注意到各种各样的细节，所以她们容易因为过分关注眼前的细节而迷失目标。如果能学会面向目标，集中精神前进，就能在工作中做得更加平衡。如果看到由于想太多而无法采取行动的女性，请在背后推她们一把，告诉她们"之后再改也可以，先行动吧"。

要这样对男性说话!

支援视野变窄的人

NG 这里该怎么办?那里该怎么办?

OK 我整理了一下情况。

要这样对女性说话!

在背后推一把无法采取行动的人

NG 这种细节怎样都好!

OK 总之,先向前走走看吧!

第1章 基础篇

第2章 恋爱／性爱篇

第3章 婚姻／家庭篇

第4章 工作／职场篇

场景 36　说话习惯

| 男性 | 喜欢将事情普遍化 |
| 女性 | 喜欢将事情具体化 |

男性　希望在对话中取胜

男性的对话在某种意义上是一场"比赛"。大家或许发现了，和男性对话时，他们总喜欢用"总而言之""也就是说""普遍来说"等话语，认为只要得出结论就赢了。他们喜欢迅速打出"扣杀"，为了尽快取胜而终止对话。

男性判断问题时重视"结果"，因此非常讨厌得到结果前复杂又麻烦的经过。

男性还有一个特点，为了高效简洁地推进事情，喜欢寻找规则和规律，比如"这件事和××是一回事"。他们希望制订出一项能适用于任何事情的规则，并用它来应付所有事。

和男性聊天时，可以从新闻或者信息切入，如果面对在闲谈中追求"信息交换"的人，就在他们面前展示出有益的内容吧。

女性　目的是延续对话

女性对话的目的是延续。她们希望取得共鸣、得到刺激、让"交流"延长,所以会反复重复细节部分。

另外,女性的另一个特点是喜欢向听者倾诉感情,强调"我在那时有什么感受"。

女性的大脑在做判断时,重视细致的"过程",**所以比起普遍化的规则,她们更重视此时此地,面对预料之外的事情时,也能随机应变。**

不过,过于注重细节同样是缺点,男性经常抨击女性"只见树木不见森林"。

和女性聊天时,可以从小事开始,需要注意不能突然得出结论,用"我觉得……""我是……"等强加于人的说法。

要这样对男性说话！

从新闻和信息开始

NG 昨天，我听朋友说……

OK 最近，有个很火的新闻是……

要这样对女性说话！

从小事开始

NG ××的事，你是怎么想的？

OK 其实最近有这么一件事……

场景 37　竞争对手

男性　不擅长应付同龄男性

女性　不擅长应付比自己年轻的女性

男性　因为不适用于"垂直社会游戏"的人而不安

男性重视序列，不擅长应付"同龄男性"。按照"垂直社会"的游戏规则，上司只需要奉承，下属只需要表扬，可"同期"的同事就不一样了，他们不知道该如何相处。

再加上同期男性较多时，会成为晋升的竞争对手。一旦失去了年龄这个绝对的上下级关系，男性就会条件反射地想要压住对方，处于"上"位。所谓"同期同事聚会"，就是男性反复夸耀自己接到了什么样的工作，受到了什么样表扬的场合。

顺带一提，面对"同期的女性"，男性却不会存在任何想法。虽然说起来失礼，不过他们会下意识地觉得"女性不是对手"。

再提一句，面对"虽然进公司时间短但是年龄更大""虽然年轻却是上司"等不符合垂直社会规则的、非常规的人，男性同样会感到不安。

当你遇到不擅长应付同期男性的同事时，如果他们马上就要剑拔弩张，请出面调和他们的关系吧。说些"你们这些同期的人关系真好"等奉承话，就可以让喜欢"伙伴"的男性不会感到不舒服了。

女性　为"女性越年轻越好"的风潮所苦

女性不擅长应对"年轻的女性"。你或许会想，"相亲相爱的横向社会"不是与年龄无关吗？可是她们每天都能切身体会到"女性越年轻越好"的社会风潮。**虽然工作能力不如自己，"年轻女性"的社会评价却（似乎）更高**。所以面对"更年轻的女性"，她们就算表面和和气气，其实可能心中会嫉妒、疏远对方。

另外，也有的女性，为了掩盖自己的嫉妒，会特意装出大妈的样子贬低自己，说些"年轻女孩真好""我已经不小了"之类的话。因为女性没办法坦率地表示"不喜欢大家奉承年轻女孩"的样子，反而会采取同样的奉承态度。女性之间的人际关系是复杂的。

当你遇到不擅长应付年轻女性的女同事时，可以在不破坏女性"横向社会"的程度上，适当提出"垂直社会"的规则。

要这样对男性说话!

调和剑拔弩张的男性之间的关系

NG:你们谁升得最快啊?

OK:你们这些同期的人关系真好!

要这样对女性说话!

不要评价年龄和容貌,评价工作本身

NG:你看起来也还年轻,没事的!

OK:××还不能独自胜任工作,请你多教教她好吗?

第1章 基础篇

第2章 恋爱／性爱篇

第3章 婚姻／家庭篇

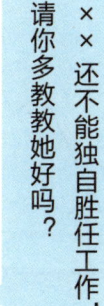

第4章 工作／职场篇

用图片了解!
男女差异

"职业规划方式"

男性大多会设定职业的终点,专心致志地沿着一条路前进,就像登山一样。

相反,女性则像漂流,每次遇到分岔路都会一边左右徘徊,一边继续前进。

因此女性的特点是,总会对没有选择的路恋恋不舍,有时还会后悔。

男性的登山人生(成长)

女性的漂流人生(变化)

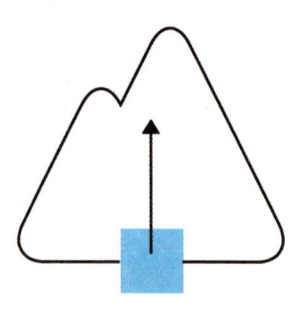

男性的"登山人生"是制订目标,寻找到达终点的道路。

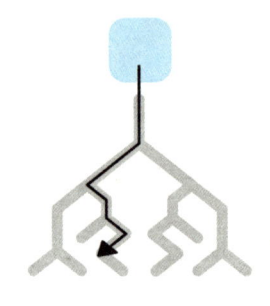

女性的"漂流人生"是每当遇到分岔路,都会随机应变选择道路。

附 录

用一句话让交流更加顺畅！
实用简单短语

自我介绍

初次见面时的自我介绍会让人紧张,在异性人数较多的陌生场合更是如此。让我们来掌握不会招来差评、还能让大家记住的自我介绍方式吧。

除了出身、经历、兴趣等"事实"之外,可以加一些具体的"经历"和一段"关系"。只需要加几句话,就能立刻增加人情味,让大家觉得亲切。

男性 ➡ 女性

- "我和组织这次活动的××在大学时就认识了。"
- "我是北海道人,不过特别不喜欢吃烤羊肉。"
- "我喜欢看书,喜欢的作家是××和××。"

> 女性 ➡ 男性
>
> ○ "我的兴趣是寻访美食,也会写博客。"
>
> ○ "我在 × 年毕业于 K 大学,今年工作第 4 年了。"
>
> ○ "我出生于 1980 年,是松坂世代。"

随声附和

听别人说话时,随声附和是重要的技巧。男性容易不自觉的追问"为什么",请大家学会温柔、有感情地附和。

有一种说法是,女性的大脑里每天会浮现出两万个词,如果有六千个词没有说出口,就会积攒压力。

另一方面,女性在附和男性时,可以表现出称赞他们的话简单易懂的意思。

男性 ➡ 女性
○ "是这样啊!"
○ "真的吗?"
○ "这可真令人惊讶!"

女性 ➡ 男性

- "没错！"
- "原来如此！"
- "然后呢，然后呢？"

重启话题的方法

对话突然中断时，需要用一句话顺利地重启话题。男性容易遇到的问题是"只有自己在说"。可以吐槽自己，并将接力棒交给对方。

女性容易遇到的问题是"话题太跳脱"。可以有意识地回到主题，挖掘深度。找不到话题时，"直接说出看到的东西"也是一个有效的技巧。

男性 ➡ 女性

○ "哎呀，怎么只有我一个人在说！"

○ "说说××的事嘛！"

○ "你最近迷上什么了？"

女性 ➡ 男性

- ○ "啊，我跑题了！"
- ○ "详细跟我说说！"
- ○ "你的领带颜色真好看！"

不会遭人嫌的回答

很多日本人虽然不习惯被表扬,但希望自己能够"正常地应对"赞扬,而不会过分害羞或者谦虚。

我们可以有意识地选择能让对方进一步打开话题的回答。

另外,坦率地道谢同样能提高好感度。比如被别人夸奖衣服好看时,可以直接表达出开心的心情,告诉对方:"谢谢你!我很喜欢这件衣服。"

男性 ➡ 女性

○(学历得到夸奖)"嗯,那是一所好学校!"

○(被人夸奖知识渊博)"我喜欢看书,经常读。"

○(职业得到夸奖)"这是我从小的梦想!"

女性 ➡ 男性

- ○（皮肤被夸奖）"防晒可不容易了……"
- ○（身材被夸奖）"我开始减糖减肥了！"
- ○（做的菜被夸奖）"你平时做饭吗？"

面对失落的人

男性倾诉烦恼,意味着他"希望解决问题"。而女性倾诉烦恼时,只是希望对方"产生共鸣"。

男性只要能弄清楚自己错误的严重程度,相信今后能弥补,就能重新打起精神,所以"理解现状 + 鼓励"的方式很有效。

女性只要能确定自己的选择没错,就能整理好心情平静下来,"肯定过去 + 安慰"的方式很有效。

男性 ➡ 女性

- "你很努力了,很辛苦吧?"
- "我明白你的心情!"
- "我也有过类似的经历。"

女性 ➡ 男性

- ○ "只要你不在意就完全没关系。"
- ○ "是你的话一定能做到！"
- ○ "虽然我没有根据，不过应该会顺利的！"

指出错误

女性在感到自己的行为伤害到对方的时候，容易反省，认为是"自己的错"。这时，你要向她们传达出"悲伤""遗憾""担心"的情绪。

另外，女性很容易笼统地使用"你真是的""我说你啊"的说法，不解释自己为什么生气。面对男性，请女性至少要清楚地传达出自己的心情，比如"讨厌""害怕"。

男性 ➡ 女性

○ "你不联系我，我会担心的！"

○ "遇到这种事我会伤心。"

○ "我会难过的。"

女性 ➡ 男性

- "不要这样说，我会生气！"
- "虽然解释不清楚，不过我不喜欢这样，你不要再做了！"
- "你不要大声喊叫，我会害怕！"

被问到"喜欢的类型"该怎么回答

对于"喜欢的类型"这个问题,无论说什么,都有可能踩雷。

面对女性时,回答的重点是选择女性也会觉得优秀的品质。

面对男性时,可以表现出"我能够理解你们认为重要的价值"。

男性 ➡ 女性

- "坦率的人"。
- "吃东西吃得很香的人"。
- "充满活力的人很好"。

女性 ➡ 男性

- "男性朋友多的人"。
- "有少年感的人"。
- "反应快的人"。

传递爱意

面对女性，说出浪漫台词的窍门是"讲述故事"。满足她们希望成为唯一的愿望，告诉她们"你是特别的"，选择会出现在偶像剧高潮时的台词吧。

如果想让男性心动，窍门是"冲击力"。满足他们成为世界第一的欲求，告诉他们"你是全世界最棒的"，说出会出现在电视剧开头的台词吧。

男性 ➡ 女性

- "你是第一个让我产生这种心情的人。"
- "我不能没有你！"
- "虽然一开始没有感觉，可是等我回过神来，已经爱上你了。"

女性 ➡ 男性

○ "你是今天这场派对中最优秀的一个!"

○ "你在我认识的人里是最聪明的一个!"

○ "你比木村拓哉和二宫和也帅多了!"

做决定

男性总是会关注目标,希望通过最短距离到达。这种喜欢按部就班的性格,会展现在各种场合,经常让女性觉得死板。

另一方面,女性总会张开天线,根据当时的心情说出自己想要的东西,去想去的地方。

男性要学会"随心所欲",女性要学会"事先告知"。

男性 ➡ 女性

- (选餐厅)"随便选选就好吧?"
- (兜风时)"有想去的地方就告诉我!"
- (做旅行计划时)"我先大概调查一下再告诉你。"

女性 ➡ 男性

- （在餐厅）"我想吃春卷！"
- （兜风时）"可以顺路去一下那家店吗？"
- （做旅行计划时）"比起观光，我更喜欢能参与的项目！"

约会结束

男性在约会结束后,会瞬间回到自己的世界中。他们喜欢做只图自己方便的决定,但是请在开口前考虑一下女性的心情。

女性需要注意的是,不要说负面的话,因为这样会让男性觉得自己被指责了,所以还请有意识地换成积极的话语。

男性 ➡ 女性

- "虽然我想和你一直聊下去,不过差不多该结束了。"
- "我也很寂寞啊!"
- "我送你回去吧?"

女性 ➡ 男性

- ○ "今天谢谢你！"
- ○ "下周见！"
- ○ "我最喜欢你了！"

和平分手

分手时,并非只要说出真正的原因就是好的。装样子、为对方着想的话语有时也会得到想要的效果。

面对男性时,要注意"给他留下美好的回忆"。而面对女性时,则不能让对方留下念想,最好说出决绝的话。

另外,说出对方可能会说的话也是一个办法。

男性 ➡ 女性

- "和你在一起太沉重,我已经累了……"
- "我喜欢上别人了。"
- "我的热情消失了,抱歉。"

女性 ➡ 男性

- ○ "我们不合适。"
- ○ "我看不到未来。"
- ○ "我有想做的事情。"

主持会议

会议的主持人需要掌握高超的技巧,要关注整体情况,让会议按时结束。

在女性成员较多的会议上,要让她们畅所欲言。不要打断她们说话,要给予流畅的引导。

在男性成员较多的会议上,干脆利落很重要。因为男性比较性急,要注意避免视野狭窄的问题。

男性 ➡ 女性

- "××,你怎么想?"
- "你的意见也不错!"
- "气氛很热烈嘛!"

> 女性 ➡ 男性
>
> ○ "今天开会的目的是……"
>
> ○ "希望在 17 点之前,定下 ×× 和 ××。"
>
> ○ "我整理一下此前的内容……"

任命领导

男性只要有了"任务和头衔"就会努力，所以有效的方法是像任命军队队长一样给他任务。

相反，女性不会因为在团队中处于"上位"而充满干劲，所以任命女性作为领导时，不能说"我希望你管理大家"，而应该说"我希望你照顾大家""我希望你支持大家"，让她们觉得自己是"团队的妈妈"。

男性 ➡ 女性

- "你要支持大家！"
- "如果是你，大家就能安心！"
- "希望你能营造出让大家轻松工作的氛围！"

女性 ➡ 男性

- ○ "我期待你的表现！"
- ○ "放手去做吧！"
- ○ "交给你了！"

委婉拒绝

不把事情闹大、不伤害对方的拒绝方式很难。

面对女性,礼貌的做法是:表达出"我其实想去"的态度,这样一来就不会伤害到对方。

而面对男性时,这种为对方着想的说法经常会起到反效果,所以要果断拒绝。不过要避免表现出"因为我不愿意""因为我做不到"的意思。

男性 ➡ 女性

- "很遗憾……"
- "其实我想做的,可是……"
- "我努力调整过日程了,可还是……"

女性 ➡ 男性

- "对不起，那天不行！"
- "我那天没空。"
- "下次一定去！"

结语

如何跟与自己不同的人相处?

男人的志气、女汉子、男子汉、女人气……正如这些词汇表现的一样,我们会自然而然地从"男女"的视角观察周围的人。

所谓"男人味"和"女人味",首先应该有基本的原则。社会上普遍认为的"男人味"是什么?女性身上常见的特征是什么?本书正是以此为出发点,从各种角度分析和整理了"男女差异的基础知识"。立足点大致可以分成3个。

1. "本能""生物"研究。从脑科学和生物学的立场出发,将人看成动物,讨论雄性和雌性的区别。其中也包含可以回溯到石器时代的狩猎习惯、生殖本能、大脑结构和荷尔蒙结构等方面。

2."社会"研究。我们作为生活在文明社会中的社会动物，男女差异自然与原始时代的雄性和雌性关系不同。具体包含婚姻生活中的男女、职场中的男女和交流中的男女等。

3."现代日本"研究。日本是先进国家，可是女性进入社会的时间非常晚。在日本，男性和女性过着什么样的生活？被什么样的常识束缚呢？本书讨论了日本人平时接触的文化，以及能引起读者共鸣的逸事。

很多书籍会以这三个立足点中的一个作为主轴，而本书则混合三个立足点，并抽出其中的精髓。比起学术层面的正确性，更注重现实性，以此来引起大家的共鸣。

虽说如此，我并不希望大家考虑所有内容是否适合自己，而是更希望大家关注"和自己不同"的内容，思考如何跟与自己不同的人相处。

比如"男性不体察、女性不解释"一节中介绍的对话示例（第4页）。准确来说，那些话不是"要对男人这样说话"，而是"要对不会体察别人的人这样说话"；不是"要对女人这样说"，而是"无论男女，面对不喜欢解释自己的人时，这种说法能让交流更加顺畅"。其他内容同样如此。

我们很难从心里理解和自己不同类型的人。如果可以，首先应该从无法相互理解的地方出发，试着从这里开始交流。

我和这个人说不通，那么该怎么办呢？哪怕是只言片语也好，首先用对方能听进去的话进行沟通。如果想和对方交流，这是唯一的方法。

就像去俄罗斯旅行时，大家会照着旅游手册说"Здравствуйте（你好）""кофе, Пожалуйста（请给我一杯咖啡）"一样。

先把学习文化、和当地人交流放在后面，首先照着旅游手册说出哪怕自己不懂，但是对方能听懂的话。只要能简单对话，就能感到开心，充满成就感，甚至觉得心与心的距离都拉近了。

当然，最后如果能深入了解俄罗斯的建立过程、特点、历史背景自然是最好的。不过就算做不到也没关系。工作、家庭、日常交流，说到底都是需要技术的"游戏"。只要表面和和气气就可以了。日积月累下来，交流就会逐渐变得流畅，总有一天能够达到真正的相互理解。

确实，和与自己相似的人聚在一起更轻松，既能相互理解，也会很开心。可是，这样一来就无法扩展人脉，成为无趣的人，只能和特定的人处好关系。

为了学习异国文化而学习外语，为了寻求刺激出国留学。二者都是了不起的行为。不过，让我们首先尝试和身边的"异星人"开始交流吧。

我衷心希望大家能和与自己不同的人顺利交流，总有一天达到相互理解的程度，我会支持大家。

2016 年 10 月

五百田达成